8° Ye.
6011

LA CLINCAILLE DU PARNASSE

PAR Mr. LOUIS DE CHAPAT,

Ci-devant Conseiller du Roi de Prusse.

TOME PREMIER.

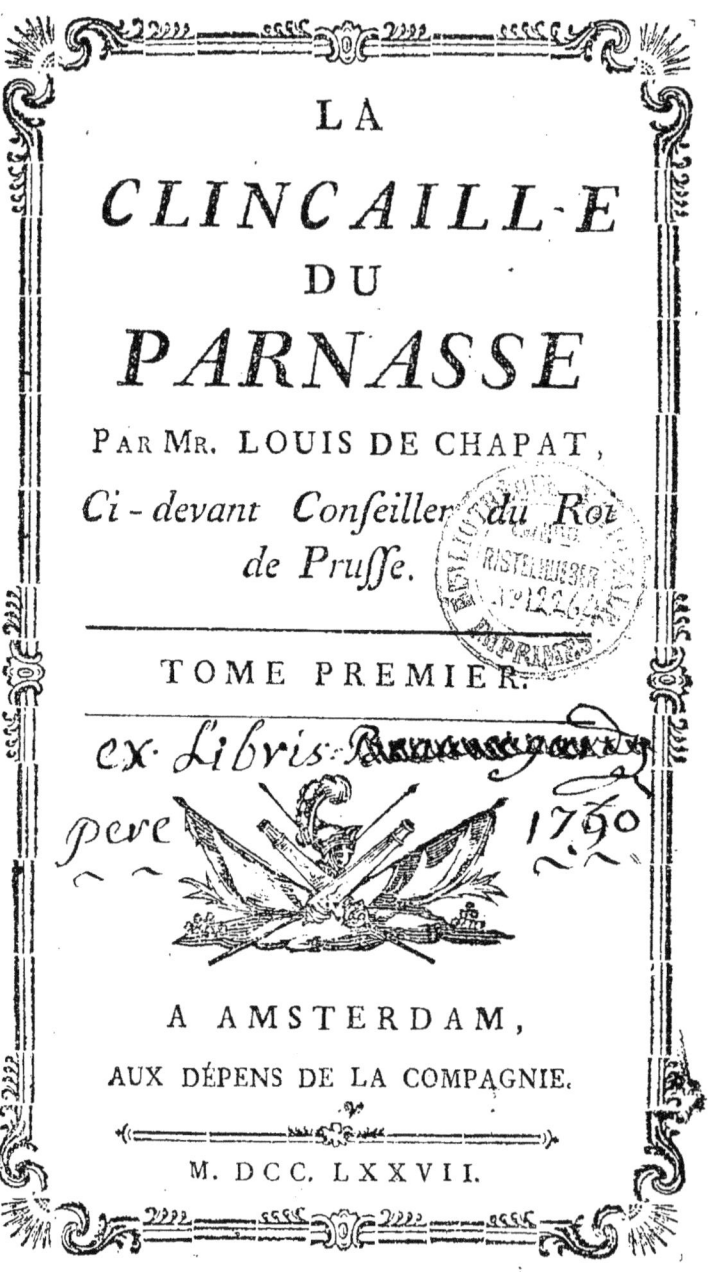

A AMSTERDAM,

AUX DÉPENS DE LA COMPAGNIE.

M. DCC. LXXVII.

LA CLINCAILLE DU PARNASSE,
OU
LA COLLATION DES MUSES.
AMBIGU
Propre à contenter les différens goûts.

DIXAIN.

LE repas que je donne à la Troupe savante
   Dans plusieurs petits plats de grés,
A pour premier service une entrée excellente,
   Du moins, Lecteurs, si vous aimés
   Les ragoûts qui sont bien poivrés.
Supposé que la faim de nouveau vous tourmente,
   Copieusement vous aurés
Des tranches de jambon, des cervelas fumés ;
   Au dessert des fruits d'Alicante,
   Qui ne seront pas trop sucrés.

COQ-A-L'ANE.

Lorsqu'un homme travaille
Avec précipitation,
Quelqu'habile qu'il soit dans fa profeffion,
Il ne fait jamais rien qui vaille.
De tous les efprits-forts l'évaporation
Ne vaut pas d'un clou la limaille.
Je ne donnerois point quatre grains de millet
D'un Livre, fi l'Auteur bronche à chaque feuillet.
Un certain François de Grenaille,
Écrivain orgueilleux qu'humilia Guéret,
Brille parmi la Valetaille ;
Un Louis de Grenade eft un Théodoret :
Dans les aires on voit moins de bled que de paille.
Après avoir lû Balde, Ortelius, Baillet,
Étudions Arnauld, du Bos & d'Olivet.
On prend plus de plaifir à dire des proverbes,
Qu'à jouer à colin-maillard.
Un quart d'once de bézoard
Vaut mieux que huit corbeilles d'herbes.
Au lieu de pêcher en plein lac,
Jettons notre filet tout le long du rivage.
Ce n'eft pas au déclin de l'âge
Qu'on doit coucher au bivouac.
Ne paffons point la riviere à la nage,
Si nous pouvons paffer le bac.
Ne demandons point de fromage,
Si nous avons du cotignac.
A foixante ans paffés contracter mariage,
C'eft au fein des plaifirs s'enfoncer dans les maux :
Lorfque la raifon dit qu'il faut plier bagage,
Il n'eft plus tems d'aller & par monts & par vaux.
Il eft vrai, Pandion, vous êtes bien ingambe ;

Toutefois à la tête on vous a fait un trou.
Tel croit donner le croc-en-jambe,
Qu'un autre lui rive le clou.
Eut-il la verve poëtique
De Bois-Robert, de Saint-Gelais,
Tel qui s'amuſe aux Virelais,
S'il tâte du Poëme épique,
En terre donnera du nez.
Qu'on ne me vienne point troubler dans ma cellule :
Je donne un coup de pied pour un coup de ferule.
Mon Pégaſe vindicatif,
Quand quelque tôn le pique au vif,
Eſt fantaſque comme une mule.
Si vous m'attaqués, Roſecroix,
Je vous donnerai ſur les doigts.
Autant que de châteaux & de bourgs a le Perche,
Autant, faites du meilleur bois,
J'ai de fléches dans mon carquois.
Mon viſage eſt en feu, lorſque noiſe on me cherche.
Pour monter à l'aſſaut, abattre un cent de noix
Je me paſſe d'échelle, auſſi-bien que de perche.
Montagne vaut Confucius :
Charron eſt au deſſous de Boëce.
Matthiole a le pas devant Helvetius.
L'éclat de Ciceron & celui d'Atticus
Effacent la ſplendeur des ſept Sages de Gréce.
Je n'ai point le cerveau perclus ;
Je ne lutte contre perſonne :
Je joins la patience à trois autres vertus :
J'ai le cœur bien placé, l'eſprit ſain, l'ame bonne ;
Mais lorſqu'à mon oreille une mouche bourdonne,
Je ne me connois plus :
Mon crin ſe hériſſe ; je tonne :
Je fais la baſſe, & je tiens le deſſus.
Fenelon, Vida, Voſſius
Ont mérité chacun d'avoir une couronne
Faite par les mains de Phébus.
Aux œuvres d'Arbiter Pétrone
Préferons les chanſons d'Artus ;
A tous les chênes de Dodone
Le plus petit agnus-caſtus.
Je ne ſouffrirai point que l'on me tympaniſe,

Ni que fous ombre d'amitié
Certains Frelons qui n'aiment qu'à moitié,
Volent autour de moi, quand fouffle un vent de bife;
Quiconque avec Comus fe familiarife,
Mange fon pain blanc le premier.
Prônons ceux qui fervent l'Eglife :
Portons honneur à ceux qui pour s'humilier
Renoncent à la gourmandife,
A la luxure, au fafte, à la fainéantife.
Craignons les chiens au grand collier :
Fuïons l'Homme qui cloche, & fe fingularife.
Ne nous mefurons point avec un Financier ;
Et fouvenons-nous bien que c'eft à nous fottife
De bafouer les gens, parce que leur chemife
Eft du chanvre le plus groffier :
Le pauvre eft fort fur fon paillier ;
Il ne faut pas qu'on le méprife.
Que l'on foit Gaffendifte ou Platonicien,
Orthodoxe ou Socinien,
On doit être en tout véritable.
Luculle brilloit moins au cabinet qu'à table :
Néron naquit Muficien :
Vitellius étoit un goinfre infatiable ;
Un grand Tyran Domitien.
Tacite eft un Hiftorien
Qui joint l'utile à l'agréable.
Trajan, pour fa bonté chéri du Citoyen,
Avoit l'ame très-martiale :
Et l'Empereur Elagabale
Les talens d'un homme de rien,
Les vices de Sardanapale.
Raifonner fur les talifmans,
Se marier par amourette ;
Femme altiere & beaucoup d'enfans,
C'eft un vrai rompement de tête.
Jamais on n'a rien dit de mieux
Qu'infenfés font les Curieux :
L'un affemble des paperaffes
Qu'il diftribue en plufieurs claffes :
L'autre étale fur des gradins
Un tas confus de vieux bouquins.
Ici ce font des coquillages ;

DU PARNASSE
Là des bulbes & des herbages :
Ici des congélations ;
Là des pétrifications.
Quelques-uns font fous d'Antiquailles,
D'anciens Tableaux & de Médailles :
Les uns aiment les végétaux ;
D'autres les chiens & les chevaux.
Ceux qui font pires que des taupes,
Déchiquetent les envelopes ;
Conservent dans leurs Cabinets
Plusieurs empreintes de cachets.
Vous êtes, Hémelar, un censeur incommode ;
Laissés chacun faire à sa mode.
A cette raison je me rends :
C'est de même que je l'entends.
Pacuve s'imagine être un grand Scholastique ;
Prêcher mieux que Clément du Puy :
Mais le talent théologique
N'est point allé jusques à lui.
Caridéme, à qui rien ne manque
Tant pour l'esprit que pour le cœur,
Croit être un parfait Orateur ;
Il n'est pourtant qu'un Saltinbanque.
Un Homme à cerveau froid, de Leibnitz Sectateur ;
Excellent Géometre & bon Littérateur
Ne va point s'amuser à faire des Idyles.
Une plume qui fait à notre Siécle honneur,
Est celle de Prévôt d'Exiles.
Agir comme un vieux Sénateur
Pendant que dure la jeunesse,
C'est provision de vigueur
Pour le tems de notre vieillesse.
Si nous avons quelques trésors,
Nous seuls manions les espéces :
Tant que l'ame est unie au corps,
Unissons-nous à nos richesses.
Tout Peintre n'est pas un Vanlo ;
Tout Ecrivain un Fontenelle.
Fussions-nous un Pétrarque, un Annibal Caro,
Suivons tranquilement Sapho.
N'appliquons point notre cervelle
A faire des In-folio :
Tout le monde n'est pas un Bayle.

LA CLINCAILLE
Notre érudition le grand galop s'en va :
Pour un Gombauld, pour un Claville
Nous avons à peu-près cinquante Auteurs en A,
Qui valent moins qu'une morille.
Passe pour Aron Monceca ;
Quelquefois son esprit comme une étoile brille.
O vous, qui de l'Amour rallumés les tisons,
Nymphes au teint vermeil, Doriménes fringantes,
Qui coquettés de toutes les façons,
A chacune nous vous donnons
Un petit bouquet d'amaranthes,
Des pastilles de bouche & quelques macarons.
Dans les jardins on doit avoir de jeunes entes
De tout fruit à pepin, de prunes, de brugnons ;
Ajoutés-y ces quatre plantes :
L'asperge, l'artichaut, les deux sor.. d'oignons.
Le Cigne de Mantoue a fait des Bucoliques
Qu'aujourd'hui récite encor Pan.
Dans les œuvres de Buchanan
On trouve des Vers plats ; d'autres très-magnifiques.
Qu'estimez-vous, Docteurs astrologiques,
Que produise ce nouvel an ?
De Mars au centre, aux coins des Provinces Belgiques
Verrons-nous fumer le Volcan ?
Verra-t-on sous les deux Tropiques
Couteaux contre couteaux, & piques contre piques ?
Le Ciel répandra-t-il toujours sur l'Eridan
Ses influences pacifiques ?
L'Empereur qui porte un turban,
Fera-t-il la guerre au Persan,
Ou viendra-t-il braver les Forces germaniques ?
Je m'accommode mieux avec un Artisan,
Qui fait faire une bonne étoffe,
Qu'auprès d'un Harpagon devenu partisan.
Le renom d'un vrai Philosophe
S'étend plus loin que celui de Vauban.
La tissure du meilleur Roman
Ne vaut pas l'eau qu'un Barbier chauffe.
Quand on agace un gros Matou,
On a la main égratignée.
Etre bouffi d'orgueil, & n'avoir pas le sou,
C'est du bois verd, qui s'exhale en fumée.
Une meute de chiens a bientôt fait curée

De

DU PARNASSE.

De tout Renard qui n'a qu'un trou.
C'est une ridicule, une sotte pensée
De vouloir faire une Odyssée,
Lorsqu'on n'a pour sujet que le trognon d'un chou.
Sur le Mont-Liban croît le cédre.
Les pignolats entrent dans les ragoûts.
Un grand Fabuliste, c'est Phédre :
Un Peintre assez bon, c'est Rombouts.
Se garantir de l'avarice ;
Manger avec sobriété,
C'est avoir soin de sa santé.
Etre amoureux de soi, comme le fut Narcisse,
C'est le dernier effort de la stupidité.
Rien de plus laid que le caprice :
Rien de si naturel que la docilité.
Le Castor a de l'industrie,
L'Ecureuil de l'agilité.
Les gourmands sont enclins à l'écorniflerie ;
Les envieux pleins de malignité.
Je ne m'étonne point qu'étant riche & jolie,
Une fille à quinze ans fasse la rencherie :
Le sexe a de la vanité.
Je vous l'ai dit cent fois ; je prise plus, Christofle,
Une noix de coco que dix cloux de girofle.
Si nous poëtisons, évitons l'hiatus :
Si nous dépeignons la vieillesse,
Soyons plutôt courts que diffus.
Ne faisons point rouler la presse,
Si nous n'allons de pair qu'avec Nostradamus.
Pour penser juste, écrire avec délicatesse ;
Pour avoir de la politesse,
Nous n'avons pas besoin de Possidonius,
De Copernic, du poëte Lucrece ;
Encore moins de Stace & de Scioppius.
Si nous voyageons chez Venus,
Ne nous accrochons pas au char d'une drôlesse.
Sans l'équité point de vertus :
Sans le calcul point de justesse.
Vingt sous font une livre, & neuf francs trois écus.
C'est un triste métier que d'écrire sans cesse ;
Un sot jargon que de parler Phébus :
Un diseur de bons mots ne vaut pas une vesce.
Les Coypels valent les Porbus :

Tome I.   B

LA CLINCAILLE
Les deux Corneilles beaucoup plus
Que douze cignes du Permeſſe,
Emules de Callimachus.
Trente cinq ans, c'eſt encore jeuneſſe :
A quarante, vient la ſageſſe.
A cinquante, on eſt à quia :
L'Homme, à cinquante-cinq, fait tout cahin-caha.
A ſoixante, il voltige autour du cimétiere :
A quatre-vingt, la mort le reduit en pouſſiere.
Tant que le bon goût régnera,
Le Théatre ſubſiſtera.
Ce n'eſt point une bagatelle
Que de faire un bel opéra.
Lorſque la bourſe eſt vuide, on ne bat que d'une aîle.
Le papillon ſe brûle au feu de la chandelle :
Qui dreſſe un piége y tombera.
Vécut-on comme un Réchabite ;
Fut-on plus ſaint que Job, ſage autant qu'un Lévite ;
Dès qu'on ſe rend préſomptueux ;
On tourne le dos au mérite ;
On ceſſe d'être vertueux.
Oui, je ſoutiens qu'un Paraſite,
Un Légiſte, s'il eſt quinteux,
Un Savant, s'il eſt pointilleux,
Un Dévot, s'il eſt hypocrite,
Sont quatre Hommes pernicieux.
Pour rembarrer l'erreur juſqu'au fond de ſa grotte,
Armons-nous de cuiſſards, mettons nos gantelets ;
Et, ſi Saturne veut que nous portions la hotte ;
Tâchons de la remplir de marcottes d'œillets.
Les rideaux ont beſoin de tringles :
Un vieux mur demande un appui.
Dans un roſeau fait en étui
L'on peut ferrer pluſieurs épingles.
Maximin plus haut que Porus,
De vertus n'avoit pas la valeur d'une maille :
Alexandre petit de taille,
En poſſédoit au moins pour mille Jacobus.
Le loup hurle ; le taureau meugle.
Tel rit près d'un bon feu, qui verſera des pleurs.
Il ne faut point qu'un Peintre aveugle
S'amuſe à broyer des couleurs.
Cypris tient ſa Cour à Cithére ;

DU PARNASSE.

Cupidon embrafe les cœurs.
Iris embraffe l'Atmofphére ;
Thémis eft occupée à veiller fur les mœurs.
Brûler d'ambition, jamais plus pauvre affaire :
Avoir l'humeur atrabilaire,
C'eft être au rang des Crocheteurs.
Ne parlons pas de fruits devant les femmes groffes,
Ni de la mort aux grands Seigneurs.
Fuyons, fi du repos nous fommes amateurs,
Les funerailles & les noces ;
Les idiots, les fous, les pédans, les plaideurs.
Les paffions deviennent des coloffes,
Ou plutôt des bêtes féroces
Quand les efprits font malfaifans:
Comme une nue épaiffe, obfcure & des plus groffes
Du Nord au Sud pouffent les vents,
Elles portent notre ame à des crimes atroces.
Faute de pommes & de glands
Les Sangliers vivent de coffes ;
Les Artiftes de leurs talens.
Aux Abbés de mérite appartiennent les croffes ;
Les palmes du Parnaffe aux jeunes combattans.
Réduire à la raifon ceux qui font hors du fens,
C'eft applanir un terrein plein de boffes.
Depuis vingt jufqu'à foixante ans
Les Bateleurs nous arrachent les dents,
Les Cuifiniers creufent nos foffes.
Un Gantier doit tailler des gants,
Un Vergetier faire des broffes ;
Une Mere favoir élever fes enfans.
Lorfqu'on ne va que terre à terre ;
Que mal conftruit eft le cerveau,
Et que l'on eft fecret comme un coup de tonnerre,
Le moindre vent d'aval brife notre bâteau.
Prendre les coings pour des poncires,
C'eft l'erreur des Gens du commun ;
Pour les faire voir clair, il faudroit des collyres
Qui fuffent compofés de tutie & d'alun.
L'Homme & la Femme ne font qu'un ;
Tous les deux font fujets à d'étranges délires :
L'un croit aux Sylphes, aux Vanpires ;
Et l'autre aux Diables de Loudun.
Prétendre humilier la tête

D'un Aspirant au Doctorat ;
Vouloir appaiser un Poëte,
Quand il s'est mis en fougue, & que le cœur lui bat ;
C'est être moins prudent, moins expert que ce rat
Qui vouloit prendre une sonnette,
Pour l'attacher au cou du chat.
Il faut avoir l'esprit aussi dur que le jade ;
Le crâne plus noir qu'Astarot,
De soutenir que le Turbot
N'est rien au prix de la Dorade :
C'est aimer mieux lire Marot
Que l'Auteur de la Henriade ;
Rejetter la Tortue, & gober l'Escargot.
Je préfere un coquelicot
A l'Ile de la Desirade :
Je bois aussi dans mon tripot
Moins volontiers une rasade
Qu'un doigt de vin du Cap couleur de masticot.
Que nous fassions une Iliade,
Une Ode, une Hymne, une Ballade
Prenons la lime & le rabot :
Otons de nos écrits ce qui semble maussade.
Je ne troquerois point un noyau d'abricot
Contre trois mille Vers faits tout d'une tirade
Par un Poëte Visigot.
L'Homme est un Animal qui pense,
Mais la plûpart du tems il raisonne fort mal ;
Est-il sur le pinacle, il est fier & brutal ;
Il s'emporte, il tombe en démence ;
Ne s'arrête qu'à l'apparence,
Et marche d'un pas inégal.
Qu'il soit tortu, bossu ; qu'il ait le teint livide,
Un nez à triple étage, entouré de rubis,
La tête faite en piramide,
Pourvû qu'il soit d'ailleurs docte & de sens rassis,
A mes yeux c'est un Adonis,
Un Alcibiade, un Alcide.
Ainsi qu'on fait monter la vigne sur l'ormeau,
Sur le rosier la camomille,
De même, après avoir corroyé notre peau,
La mort autour de son fuseau
Comme du fil nous entortille.
Celui qui trompe est en proie aux trompeurs :

Qui raille doit s'attendre à trouver des railleurs.
L'opulence du fourbe est moins qu'une bruïne :
   A peine la voit-on qu'elle s'évanouit.
Qui court après les biens, travaille à sa ruine :
   Qui brave le péril, dans le péril périt.
     Comme on fait son lit on se couche.
     Qui se sent morveux qu'il se mouche.
       Affrétons-nous un bâtiment,
       Allons trafiquer au Mexique.
       Avons-nous mis voiles au vent,
       Cinglons fur la mer Pacifique :
  C'est un malheur d'agir impétueusement ;
     Un grand bien d'être flégmatique
  La Fontaine étoit niais extérieurement :
    C'est pourtant un Auteur classique.
Un Stentor qui se croit plus que Budé savant,
    N'est qu'une bûche, un mercadant.
    Tel est doué d'un flux de bouche,
Qui, lorsqu'il prend la plume, a le front tout suant.
     Telle fille paroît farouche,
     Qui soupire après un amant.
     N'imitons point le Scarabée :
     Mettons à la colére un frein.
C'est dans la tête avoir de folie un gros grain,
    De s'en aller, la gueule enfarinée,
    Chanter pouilles à son prochain.
  Ne dormons point la grasse matinée :
    Usons modérement du vin.
  Ne fraudons pas les droits d'Astrée.
Maintenons la concorde ; allons notre chemin :
    Dans le parterre du Destin
Nous cueillerons des fleurs qui feront de durée.
  En fait de poësie il faut tout compasser :
    On évite par là des Pétaus la huée.
  Quand notre plume au Public s'est vouée,
    Lire, rélire, & toujours effacer,
    C'est le moyen de terrasser
    La critique la plus obstinée.
Pourquoi sur le combat de Patrocle & d'Hector
  De but en blanc composer un Poëme ?
Chanter Léda, Pollux, Clitemnestre, Castor,
  Ariadne, Bacchus, Cerés & Triptoléme,
C'est donner quand il neige à son cerveau l'essor.

LA CLINCAILLE

Quelques cloux réluifans ne font pas un tréfor;
Du caillé n'eſt point de la crême :
Un bon choix vaut fon péfant d'or.
Si l'on veut recueillir, il eſt juſte qu'on feme.
A force de lecture on acquiert le favoir.
La beauté d'un Sermon ne dépend pas du thême.
Tel que le corps d'un dévidoir,
Notre efprit tout de feu fe plaît à fe mouvoir :
L'Homme fouille par-tout, excepté dans lui-même.
Le Cavalier Bernin l'emporte fur Scopas :
Le Brun eſt un Zeuxis : Vatteau fait du grotefque.
Neuton brille par le compas :
Corneille eſt pour le Grand; Scarron pour le Burlefque.
Ne nous rebutons point ; parlons tant bien que mal:
Parmi les beaux Efprits nés le long de la Seine,
Aux bords de la Tamife, à Malthe, en Portugal ;
En Italie, en Saxe, en Efpagne, en Lorraine ;
En Brandebourg, dans le Païs d'Anhalt
Sans rifque on peut placer l'Auteur Suiffe Muralt ;
Et dire que lui feul en vaut une douzaine.
Laiſſons la Terre comme elle eſt :
La faire ronde & platte, ou de figure oblongue,
C'eſt ajouter une diphtongue
Aux voyelles de l'Alphabet.
Hercule à quatorze ans, étoit un homme fait :
Il favoit jouer à la paume.
A trente, Hermolaüs n'a que du poil folet ;
Par conféquent ne peut arracher que du chaume.
Comme l'Opérateur pour en faire du baume
Concaſſe les grains de laurier,
L'ambre-gris, le benjoin, l'anis, le cardamome;
Ainfi, parce qu'Adam mordit dans une pomme,
Le Tems, jeunes & vieux, nous pile en fon mortier.
Du côté des talens capable de briller,
La Femme eſt pour récréer l'Homme :
Devant Elle il faut donc brû'er du cinnamome,
Et joncher fon chemin de branches d'olivier.
Si d'anoblir les Arts le beau-Sexe fe pique,
On le voit, on l'a vû, ce n'eſt point fans raifon.
La des Houlieres brille à la Cour d'Apollon
Par fes Vers naturels, par fon ſtile énergique.
Urfule de la Croix, Elizabeth Cheron
Ont travaillé d'après l'Antique ;

DU PARNASSE.

Leur burin délicat s'est acquis du renom.
Sur le mérite & la science
Le Pays d'Albion le dispute à la France :
Nous voyons par le même trou
Regnard, Pope, Boileau, Bacon, Locke & de Thou.
Gardons-nous d'entasser systêmes sur systêmes :
Etudions plutôt les œuvres d'Alcuïn ;
Et si nous aimons les emblêmes,
Attachons-nous à ceux qu'à fait Jean Baudouïn.
Les roses sont pour les Fillettes ;
Les épines pour les Savans.
Les Usuriers ni les Sergens
N'ont jamais eû les mains bien nettes.
Les Espagnols jouent des castagnettes ;
Du clavecin les Allemans.
Les Fourmis de leurs corps font autant de charrettes:
Elles vont à la file ; & ces petites Bêtes
De ce qu'elles trouvent aux champs
Pour l'hiver en été remplissent leurs logettes.
Rien qui ne soit sujet aux inconveniens :
Les grands calmes sur mer présagent les tempêtes.
Sous l'herbe rampent les Serpens.
Les vers rongent les fruits : le feu fait des bluettes.
Toute Fille Picarde, ou native d'Evreux,
Jeune ou vieille, blanche ou noirâtre
Qui, comme un autre Agnés, parle en clignant les yeux,
A l'esprit plus acariâtre,
Et le cœur plus malicieux
Qu'en Tartarie une marâtre.
De grace, Ecrivains bilieux,
Adoucissés votre colére :
Tout Docteur qui devient hargneux,
En horreur à l'école, est sifflé du Vulgaire.
S'il est doux & modeste, un Davus peu savant
Viendra sans peine à bout du plus fort adversaire :
Petite pluye abat grand vent.
Lorsqu'on rode à l'entour du Monde sublunaire,
On ne voit que fracas, qu'orgueil, qu'anxiété.
Tout ce que l'Homme est capable de faire,
Quoiqu'il compte beaucoup sur sa capacité,
N'est qu'un fil de coton ; n'a pour base ordinaire
Que l'amour propre & la frivolité.
Les vertus sont abatardies :

Elles ne tournent plus fur leur propre pivot.
L'un jette le froc aux orties ;
Un autre eſt au contraire à la Vierge dévot.
Tout comme l'Hipocrite a l'ame bourrelée,
Et décend jeune au monument ;
Tout de même la renommée
Du riche vicieux, qui parle arrogamment,
Eſt ſemblable à la giroflée ;
N'eſt qu'un triomphe d'un moment.
Il vaut mieux mille fois s'amuſer en tiſlant
Que parler d'un ton de harangue.
Qui fait des exploits de la langue
Ne s'expoſe aux coups qu'en tremblant.
Bouhours, grand ennemi de la Cacophonie,
Qui propoſa par vanité
Ses doutes à l'Académie,
Mérite ſur la proſe & ſur la poëſie,
En claſſe d'être conſulté
Comme pere de l'harmonie.
Si nous ne conſultons ni Paſquier ni Paſquin,
Ni Janſénius ni Calvin ;
Si de notre cerveau nous chaſſons les ténébres,
Sur le livre de parchemin,
Où ſont en lettres d'or les noms des Gens célébres,
Nous mettrons à la marge, en uſant de carmin,
Celui de Tarteron & celui de Rapin.
Ne cherchons point le mal; quiconque eſt bien ne bouge:
C'eſt une belle mort de mourir dans ſon lit.
Le poivre aiguiſe l'appetit.
Le vin rend le viſage rouge.
L'étude façonne l'eſprit.
Banniſſons du diſcours toute amphibologie ;
Parlons ſans imiter les Oracles anciens :
Durant le cours de notre vie,
On nous fait plus d'une avanie :
Nous nous morfondons pour des riens.
Puiſque le monde eſt peu de choſe ;
Qu'il ne nous offre que des fleurs,
Mépriſons ſes charmes trompeurs :
Au milieu d'un déſert allons faire une pauſe.
Ainſi qu'au chevre-feuille on préfére le thim,
Ainſi l'Azerolier eſt préférable au Pin.
Quoique faſſent les Hommes ſages,

Ils

Ils ne battent point le tambour.
Pour mériter du Public les suffrages,
Soigneusement travaillons nos ouvrages
Avant que de les mettre au jour.
Tite-Live écrit mieux qu'Orose :
Lactance plus qu'Arnobe plaît.
Le cœur est un Protée ; il se métamorphose
En guêpe, en dogue, en bouc, en pie, en tiercelet,
La tanche évite le brochet :
Du goujon se nourrit l'alose.
La murene en veut au rouget.
L'Auteur de la Métempsycose
Etoit un Homme à camouflet.
Ceux qu'Apollon inspire, & ceux dont Mars dispose,
Assez souvent font du feu violet.
C'est l'ardillon qui fait la boucle.
Toute plume n'est pas duvet,
Ni tout rubis une escarboucle :
Ce n'est point à la robe à porter le plumet.
L'Euripe est inconstant : la mer flue & reflue.
Dans les pâtis l'herbe est menue.
La poule d'eau s'embourbe : un sacre prend l'essor,
On court le cerf au son du cor.
La forge de Vulcain est sur le Mont-Vésuve.
Le Romarin, l'Yeuse ornent le Mont-Thabor.
Pour se rendre Architecte, il faut lire Vitruve.
Le moût, sept ou huit jours, doit bouillir dans la cuve.
Le vif argent épure l'or.
Des Livres qu'aujourd'hui le Parnasse conserve,
Lisons seulement ceux que feuillete Minerve.
Ecoutez ce que je vous dis ;
Calaber, chacun vaut son prix.
Si le Monde poli condamne
Ma Muse à manger du pain bis,
Et que le Dieu des Vers contre mes ennemis
Fasse jouer sa sarbacane,
Je lui destine un bon hachis :
Quiconque fait un coq-à-l'âne,
Peut bien faire un Salmigondis.
Quand on est hors du margouillis,
Il ne faut plus que l'on s'y veautre.
On prend du spalt, pour affiner le speautre ;
Et pour bâtir dans l'eau, l'on fait des pilotis,

Tome I. C

Une faute en attire une autre.
Le jour nous voyons clair ; de nuit tous chats font gris.
Le deffein fans le coloris
Jamais n'a pû faire un grand peintre.
L'Arc triomphal le plus beau de Paris,
Quoique ce monument n'ait pas un double cintre,
Oui, c'eft la porte Saint Denis.
La plus foible des Epigrammes
Vaut cinq douzaines d'Anagrammes.
Pour la bonne moitié des œuvres de Balzac
Ne donnons point le tiers des quatrains de Pibrac.
Aux lievres & lapins il faut une poivrade ;
Sur les œufs au miroir raper de la mufcade.
Un Employé doit fçavoir le tarif :
Un Jardinier bien tailler l'if.
Le Singe de l'Aiglon qui fit la Henriade,
Le Rimeur imaginatif
Des dix Chants de la Pétréade
N'eft pas certes un Apprentif :
Il eft plus fort que Benferade ;
Mais fon Pégafe un peu pouffif
Vient de faire une pétarade.
Si nous avons un alambic,
Tirons-en des eaux cordiales :
Diftilons le cumin, l'aneth, le bafilic.
Pour chanter un Théodoric,
N'employons point le langage des halles.
Si nous refpectons le Public,
Ne lui donnons ni fiel, ni chofes triviales.
J'aime mieux un Sixain qui met en belle humeur
Par la cadence de fes rimes,
Que les fix Chants fur le Bonheur ;
Poëme entortillé de chimeres fublimes.
Chacun à quelque fauce eft bon :
Il ne s'agit que de fe bien connoître.
On ne fait la poudre à canon
Qu'en mêlant avec du charbon
Un peu de foufre & de falpêtre.
L'homme qui s'attache à fon fens,
Mérite d'être dans la naffe.
Il faut laiffer libres les gens ;
A perfonne jamais ne réfifter en face.
Infectes affreux du Parnaffe,

Esprits revêches & mordans,
Pour arrêter le cours de votre extrême audace,
On vous prépare un bain de glace :
Puissiez vous y perdre les dents,
Et ne cesser d'avoir un estomac vorace !
Le moyen de pouvoir tenir
Continuellement sa conscience nette,
C'est de songer qu'on doit mourir,
Et qu'à nous colleter la mort est toujours prête.
Le Sage doit se souvenir
De la stérilité, quand regne l'abondance.
Le tems, clair le matin, peut le soir s'obscurcir,
Et l'Homme riche alors tomber dans l'indigence.
De la Lapponie au Japon,
Chacun sur son foyer pense être un Xénophon :
Dans l'Avarice on voit un million de tares ;
L'orgueil est plus fragile, a moins d'éclat, dit-on,
Que les bouteilles de savon :
C'est un poison subtil, dont les effets bizarres
Au bissac tôt ou tard mettent une Maison :
Les choses pourtant les moins rares,
Depuis Drontheim jusqu'à Canton,
Ce sont les Orgueilleux, les Fous & les Avares.
De tous les Hommes de renom,
Qu'à vû Louis XIV. & qu'estimoit Auguste ;
La fleur, c'est Mécenas, Varron,
Agrippa, Virgile, Salluste ;
D'Anguien, Colbert, Lamoignon,
Le hardi Narrateur des faits du fils d'Ulisse,
Et Séguier chef de la Justice.
Contre un Docteur en droit canon
Gardons-nous bien d'entrer en lice ;
Ni de tirer au court bâton
Avec un Juge de Police.
Pour faire le potage bon,
(S'il est vrai que Plutus à chaque lunaison
De son ciment nos murailles enduise)
Mettons dans notre pot du bœuf & du mouton,
Une poule dodue, un morceau de jambon ;
Que doucement tout cela cuise.
Bois tortu fait feu droit : se nourrir, c'est raison.
Lésiner, c'est un mal : vivre en gueux, c'est bêtise.
Paix & peu d'un chacun doit être la devise.

On a la main tachée, en touchant à la poix.
A gens plus fort que nous ne faisons point la guerre ;
Nous fuccomberions fous le poids :
Le pot d'argent brife le pot de terre.
Tibere qui bravoit tous les Dieux à la fois,
Craignoit cependant le tonnerre.
Les Taiffons, les Tatous fe terrent dans les bois,
Derriere les halliers fe tapit le Putois.
L'araignée attaque les mouches.
Les bombes, les canons, c'eft notre feu gregeois.
Les Hommes de fçavoir ont les yeux un peu louches.
Des cerveaux bien timbrés viennent les bonnes loix.
Le vin doux & piquant coule des vieilles fouches.
Le jeu n'eft point à méprifer,
Pourvu qu'en jouant on badine ;
Toutefois par malheur au lieu de s'amufer,
Le plus fouvent on fe chagrine.
Quoiqu'on nous faffe grife-mine,
Il ne faut perfonne offenfer.
Si nous voulons bien commencer,
Songeons à fonder la cuifine.
Il eft bon que l'efprit rumine ;
Car lorfqu'il a bien ruminé,
Notre conception vers le vrai s'achemine,
Et notre cœur en eft illuminé.
Ce n'eft point un préfent de baile ;
Ce n'eft point faire un qui-pro-quo
De donner au lieu de Morale
Les vifions de Quévedo.
Je préfere l'eau pluviale
Au gros vin qu'un arabe avale ;
Une gouffe de cacao
A la pierre philofophale :
A tous les livres de cabale,
Les Lettres de Jacob Brito.
Ne nous fauffilons point avec les Politiques ;
Laiffons derriere nous les gens particuliers.
Ne nous ingérons pas des affaires publiques,
Ni de parler latin devant les Cordeliers.
Plaignons le fort des lunatiques,
Et de ces Hommes fantaftiques,
Qui bravant le courroux des airs,
Pour gagner gros courent les Mers.

Si l'on n'en fait que de modiques,
Il vaudroit mieux ramer que de faire des Vers.
Pourquoi ces Sentences cornues ?
Pourquoi fur-tout épiloguer ?
Quand l'arbre monte jufqu'aux nues,
Il faut avec foin l'élaguer.
Petit Champion de Laverne,
Vous prenez Martre pour Renard :
Ne craignez-vous pas qu'on vous berne,
Et qu'on vous ôte un doigt de lard ?
Vous êtes arrivé trop tard
Au Pays où Phébus gouverne :
Votre Pégafe aux yeux hagards,
Ne fe nourrit point de luzerne.
Vous tous qui de Momus portez les étendards,
Nous vous tenons dans notre cage :
Efprits fouples & goguenards,
Permettez qu'à préfent nous vous rendions hommage.
Si nos fouhaits font accomplis,
Vous aurez la fageffe infufe :
Malgré le tems qui toutes chofes ufe,
Comme un rang de rochers vous ferez affermis ;
Vous triompherez de la rufe,
Et vous boirez du roffolis.
Les Merles quelquefois au trébuchet font pris.
Le Milan plane en l'air : la Chenille fe traîne.
Si nous prenions Pallas pour être notre Reine,
Nous n'aurions ni douleurs, ni chagrins, ni foucis :
Si l'Amour & l'Himen étoient enfemble unis,
Un époux béniroit cent & cent fois fa chaîne ;
Mais malheureufement c'eft prefque un Phénomene
Tant à Berlin qu'à Rome, à Londres qu'à Paris.
La pefte de la pauvre bufe,
De croire que fa cornemufe
L'emporte fur mon violon !
Triftan, vous ne jouez qu'aux concerts de Médufe :
Moi je joue à ceux d'Apollon.
Auprès du Voyageur Della Vallé, Ramufe
N'eft pas plus gros qu'un potiron :
Tout de même, en comparaifon
De la Comteffe de la Suze,
Madame du Bocage, Emule de Milton,
Ecrit comme une Phaëtufe

Qui n'a ni coëffe ni jupon.
L'Eglantier ne doit point fe comparer aux Arbres.
Le vol de l'Aigle eft haut : la perdrix vole bas.
L'Albâtre d'Allemagne eft le moindre des Marbres ;
Un Poëme ampoulé , du galimathias ,
Lorfqu'on a de l'huile à revendre ,
On peut manger à fes repas
Des petits pieds , du pain bien tendre ,
Boire à longs traits de l'hipocras.
Enfans fortunés de l'Adreffe ,
Qui pour tirer l'émail des fleurs ,
Vous tenez le long du Permeffe ;
Hiftoriens , Poëtes , Orateurs ,
Peintres , Muficiens , Sculpteurs ,
Brillans efprits de toute efpece ,
Puiffiez-vous au fein des grandeurs ,
Le poumon & le foie exempts de féchereffe ,
Voir croître fous vos pas mille & mille douceurs ?
Mettre le nez par-tout , courir la prétentaine
C'eft de l'onguent miton - mitaine.
Louer avec excès , faire le Tabarin
C'eft être au bout de fon latin ;
A la haine joindre l'envie ,
Etre pire qu'un Algonquin.
Ne dites rien par flatterie ;
En befogne allez rondement :
L'homme qui marche droit , & parle franchement ,
Jouit du repos de la vie ;
Il écrafe le châtiment ,
Et foule aux pieds l'ignominie.
S'aheurter à fon fentiment ,
C'eft une illufion qui tient de la folie.
Ne nous arrêtons point à la fuperficie ;
L'extérieur trompe ordinairement :
Tel eft de bonne compagnie ,
Arrange tous fes mots ingénieufement ,
Qui nous fait voir que fon génie
Eft dépourvû de jugement.
Tout jeune homme criard ne vaut pas une corme.
Rien n'eft plus odieux qu'un Vieillard emporté.
La colére eft un vice énorme ,
Qui dégrade l'Humanité ;
Un Pince-maille , un être informe ,

L'horreur & le fléau de la Société.
On s'apperçoit, lorsque de ce bas-monde
On fait exactement la ronde,
Qu'on use fort souvent de ce Proverbe-ci ;
A Trompeur, Trompeur & demi.
Anaxagore, Eschyle, Aristide, Aristote
Sont les quatre Arc-boutans des sept Arts Libéraux.
A des rélations qu'un Auteur vain fagotte,
Nous devons préférer des préceptes moraux.
Sancho Pança surpasse en bon sens Dom-Quichote :
La Bruyere est un Astre auprès de Marivaux.
Enfouir un trésor au fond d'une caverne,
C'est l'action d'un hébété ;
Sans massue attaquer le reptile de Lerne,
Une grande témérité.
Vous qui marchez de jour avec une lanterne,
Contentez de nos cœurs la curiosité ;
Enseignez-nous, Diogene moderne,
Le grand chemin qui méne à la félicité :
Ne se forger point des chimeres ;
Garder la modestie, embrasser la vertu ;
Etre alerte, veiller à nos propres affaires ;
Avoir du bien sans superflu ;
Un sommeil non interrompu :
Voilà les choses nécessaires ;
Voilà du vrai bonheur un crayon ingenu.
Je voudrois, Javersac, que vous fussiez pendu :
Ne m'échauffez point les oreilles ;
Ne parlez pas urlu brelu :
Je suis rassasié de vos contes de Vieilles.
Tout esprit qui n'est point bourru,
Vaut du Monde les sept Merveilles.
Les Juifs, en général aiment à rapiner,
Les Procureurs à chicaner,
Les Cuistres du Parnasse à faire une Satyre ;
Les Normands à pateliner,
Les Courtiers à maquignonner,
Les Sculpteurs du commun à travailler en cire ;
Les Marbriers à polir le Porphire,
Les Hommes d'âge à lanterner,
Les têtes sans cervelle à tressaillir de rire ;
Le menu Peuple à bouffonner,
Les Gens d'épée à dégaîner,

Les Harangeres à médire.
La terre est le séjour de l'Instabilité :
Il n'est rien ici-bas que le Tems ne dérange.
Tout passe, tout revient, tout change :
Notre gloire s'envole avec rapidité.
Ce Globe aqueux, paîtri de fange
Est tel qu'il a toujours été.
Du mauvais & du bon ne faisons pas mélange ;
Ne blessons point la vérité ;
Le Rossignol vaut mieux que la Mésange ;
Un Parc qu'une Sauffaie, un Château qu'une Grange,
Un gros pain qu'un petit pâté.
C'est un grand défaut, Alegambe,
Lorsqu'un Vers sur un autre enjambe.
En trois minutes cuire un œuf,
Cela n'est point un secret rare :
Mais, bien qu'il ne soit point sans tare,
Nous devons admirer Brébeuf,
Pour nous avoir montré Lucain en habit neuf.
L'assortiment le plus bizarre,
C'est une Hyene avec un Bœuf,
Un Prodigue avec un Avare.
Que jugez-vous de Jean surnommé le Sueur ?
Que trouvez-vous en lui qui soit argent de mise ?
Puisqu'il faut que je vous le dise,
J'y trouve du savoir, une grande ferveur,
Un procédé plein de franchise :
Je considere cet Auteur
Comme un flambeau dont la lueur
Eclairera toujours l'Eglise.
Monsieur vaut bien Madame : oh le charmant dicton!
Dans les écrits de Marc-Aurele
Il n'existe rien de si bon,
Disoit Varus, ce vieux Barbon
Qui recherche la jeune & sage Gabrielle.
Moi je dis que Polichinelle,
Soit qu'il fasse le Pantalon,
Ou qu'il enfile en Polisson
De brocards une Kyrielle,
Vaut quinze fois plus qu'un doublon :
Je l'estime autant qu'un Jodelle
Qui lutine & fait le bouffon.

LE

LE SALMIGONDIS.

DOUBLE HUITAIN.

C'Est à la Chirurgie à parler de valvules;
L'habit blanc est pour le Meunier :
Le Pape fulmine les Bulles.
De là j'infere, Berruyer,
Que chaque Individu doit faire son métier.
Pour en composer des pilules,
L'Apothicaire doit broyer
Plusieurs drogues dans son mortier.
Par conséquent l'Homme d'Eglise
(Qu'il n'ait point de poil au menton,
Ou qu'il ait une barbe grise)
Doit consacrer son encre à la Religion.
C'est perdre le tems, s'il s'avise
De moudre au moulin d'Apollon.
Ne feroit-il pas mieux de commenter Moïse
Qu'Homere, Virgile & Milton ?

QUATRAIN.

Elever votre esprit jusqu'au cercle polaire,
A coup sûr c'est votre élément :
Mais faut-il au Palais résoudre un argument,
Vous n'y faites, Froissard, que de l'eau toute claire.

SIXAIN.

Vous me reprochez à tous coups
Que je ne suis qu'un ver auprès de vous, Alcete;
Ne vous flattez point qu'à genoux
Pour crier merci je me mette;
Je me soucie autant de vous
Que du vertugadin de la Reine Gisete.

HUITAIN.

Dans le cercle brillant des Hommes valeureux
Ne me dites point, Ephialte,
Qu'à l'envi chacun vous exalte
Comme un Brave à trois poils, bien fourni de cheveux.
Loin d'avoir les vertus d'un Chevalier de Malthe,
Vous n'êtes qu'un franc pareffeux :
Vous avez le cœur mol, fec, cartilagineux ;
Dans votre cerveau croît l'afphalte.

SIXAIN.

Pourquoi ce grand bruit, Tiraqueau ?
Je penfe que vous êtes yvre
De foutenir en plein Barreau
Que c'eft le bon vin qui fait vivre :
On doit après cela vîte fermer le livre,
Enfuite tirer le rideau.

DIXAIN.

Que croyez-vous qu'Ulric raconte à Zerbinete,
Lorfqu'à l'oreille il lui chuchete ?
Je crois qu'il lui dit un fecret ;
Ou, parce que l'air doux de cette Fille plaît,
Qu'il la prie un peu d'amourette.
Non, il n'a point l'amour en tête ;
Ulric ne paffe pas pour un Homme coquet :
Comme il déduit paffablement un fait,
Il lui débite une fornette
Que déja tout le monde fait.

SIXAIN.

Vous venez d'époufer la fournoife Harpalice,
Qui ne fait œuvre de fes doigts ;
Qui pour dot n'a que du caprice,
Pour charmes qu'un filet de voix.
Votre état me touche, Patrice :
Une méchante femme eft une grande croix.

QUATRAIN.

Avant que d'ufer de menaces,
Tu dois reprendre ton (*) Prochain,
Chalcondyle, & quoique tu faffes,
Implorer le fecours de l'Etre-Souverain.

DOUBLE SIXAIN.

Le trait que contre vous a lancé Damocrite,
Donne atteinte à votre mérite :
Vous devriez, Palamede, en tous lieux, en tout tems
A cet Homme montrer les dents.
Briaxis, vous allez trop vîte ;
On doit endurer des Savans,
De même que des Ignorans :
Auffi fuis-je dans ma guérite
De tous les Gens de robe un des plus endurans ;
Fort rarement je me dépite.
Il faut vivre avec les Vivans :
C'eft ma maxime favorite.

QUATRAIN.

Lorfque vous dreffez un placet,
Epargnez l'encre, Gariffoles ;
Pourquoi dire en vingt mots ce qu'on peut dire en fept ?
A Grand Seigneur peu de paroles.

SIXAIN.

Je m'en rapporte à votre opinion :
Lequel d'Alde ou de moi, Sifyphe,
Eft le plus brave Champion ?
Vous jouez l'un & l'autre affez bien de la griffe ;
Or voici ma décifion :
Vous êtes un Efcroc ; Alde eft un Efcogrife.

(*) *Eccléfiaftique*, ch. XIX. *verfet* 17.

QUATRAIN.

Vous criez contre Figulus,
Afin d'ébranler sa fortune :
Savez-vous bien, Capilupus,
Que c'est aboyer à la lune.

SIXAIN.

Faites-vous graduer au pays des romans :
Vous aurez de savoir une très-bonne dose.
A Clio j'aime mieux offrir mes grains d'encens;
Laissez-moi rimailler, Bonese :
Passé Docteur par de tels charlatans,
Je croirois être peu de chose.

HUITAIN.

Depuis quand votre Muse est-elle donc au lit?
Où sont ces rimes si vantées?
On voit distinctement, Thébit,
Que vos forces sont épuisées.
Vous avez eû d'abord de trop rudes journées,
Pour pouvoir conserver le feu de votre esprit :
Avant l'heure on est décrépit,
Lorsqu'on a fait florès dans ses jeunes années.

SIXAIN.

Chez Trophonius, Aretas
Est un des principaux Moullas :
On ne se trompe point, quand on dit qu'il fait tondre.
Frappez ferme à sa porte, il vous laisse morfondre;
C'est un trop grand Monsieur que ce Maître Calchas,
Pour à toutes Lettres répondre.

QUATRAIN.

A force de goûter les plaisirs de l'amour
Vous n'avez plus que la carcasse ;
Et peut-être à vivre qu'un jour :
Tant va la cruche à l'eau qu'enfin elle se casse.

SIXAIN.

Vous comptez parmi vos Ayeux
Cinq Capitouls, six Baillifs de Bayeux,
Trois Prévôts de Lyon, quatre Maires de Bourges ;
Tous Gens doctes & vertueux :
Bien loin de valoir autant qu'eux,
Vous n'êtes propre, Afpar, qu'à cultiver des courges.

DIXAIN.

Ha ! pour le coup je fuis flambé :
Avec les Mufes, Barnabé,
D'une maniere goguenarde
Vous avez dit que je paillarde.
C'eſt un trait de malignité,
Qui certainement vous regarde.
Les neuf Sœurs n'ont jamais été
Sujettes à la volupté ;
A moins que dans vos entrevues
Vous ne les ayiez corrompues.

HUITAIN.

Non, non, je ne prends point l'échine pour le flanc ;
Pour un Sully Silla, pour un Tite Procuſte :
Je ne dis jamais noir lorfqu'il faut dire blanc.
Auffi je fais qu'au Louvre on veut placer mon bufte :
Mais on mettra le vôtre entre quatre vieux bancs.
Quelque fujet qu'on traite on doit raifonner jufte ;
Je fuis un écu de fix francs,
Et vous êtes, Malaxe, une médaille frufte.

SIXAIN.

Sans vouloir les donner pour ouvrages de prix,
Je penſe que mes Logogryphes ;
Au nombre de cent trente-fix,
Valent encore mieux qu'Hiftoires apocryphes ;
Sont peut-être meilleurs que tous les Hierogliphes
D'Alexandrie & de Memphis.

QUATRAIN.

Vous avez, Ricobon, de l'or dans votre bourse ;
Vous êtes un Savant fameux :
Mais peut-on dire un Homme heureux,
Avant qu'il ait fini sa course ?

HUITAIN.

Si vous jugez qu'on puisse à moi se confier,
En moins de rien je me vante, Gonthaire,
De vous retirer du bourbier.
Je n'ai garde de l'essayer ;
Je sais trop ce que tient votre judiciaire :
A l'œuvre on connoît l'ouvrier.
J'ai peur que vos mains, Armentaire,
En me débarbouillant, ne me fassent crier.

QUATRAIN.

J'ai contre un Turc la force d'un Morlaque ;
Jusques au sang je dispute un écu.
Je suis rogue, lorsqu'on m'attaque ;
Serviable & civil, après avoir vaincu.

DOUBLE SIXAIN.

Quand on régale, il faut que plat à plat on serve.
Casimir, le Ciel nous préserve
De manger maigre un mardi gras !
Suivons les conseils de Minerve,
Ne beuvons point du vin au bas ;
Mettons pour nos vieux jours quelque chose en réserve:
En attendant dormons sur de bons matelas ;
Evitons avec soin des procès le tracas ;
Gardons-nous d'essuyer d'un Poëte la verve,
Les discours ennuyeux des Cuistres à rabats ;
Et si l'on ne veut point que le froid nous énerve,
Brûlons bien des cotrets, quand tombent les frimas.

QUATRAIN.

Vous avez plus d'esprit que n'en avoit Œdipe ;
Vous avez pris, Fugger, des leçons de Marot :
Vous trempez votre pain dans les eaux d'Aganipe ;
Enfuite vous buvez à tire-larigot.

DOUBLE HUITAIN.

Qu'admirable est le mariage !
S'écrioit un vieux Malotru,
Lorsqu'un liquide revenu
Fait rouler un carrosse avec leste équipage ;
Et qu'après que l'on a bien bu
Du vin grec ou de l'hermitage,
On est à son aise étendu
A côté d'une Epouse, en qui dès son bas-âge
On voit reluire la vertu :
Qui toujours circonspecte, entend bien le ménage ;
Qui n'a point le corps trop charnu ;
Riche en mérite & belle de visage !
Pour moi, je ne crois point que jamais on ait vu
Un Oiseau de pareil plumage.
Vous dites vrai, Gomer ; mais tout ce verbiage.
Prouve que vous nichez dans le nid d'un cocu.

SIXAIN.

Grimacer est une marotte ;
Parler dans l'Eglise un défaut :
Lorsqu'on prie en public, on ne doit sonner mot.
Méfions-nous d'une Dévote,
Laquelle entre ses dents marmotte
Ce que le Curé dit tout haut.

QUATRAIN.

Quand on n'a comme vous que la câpe & l'épée,
C'est beaucoup de pouvoir rire du bout des dents :
Moi je ris, Bullinger, à gorge deployée,
Parce que j'ai force écus blancs.

SIXAIN.

Pour qui me prenez-vous, Philete ?
Je ne suis pas un Idiot,
Un diseur de rien, une bête.
C'est vous qui faites le falot :
Trois lettres font votre épithete ;
Choisissez de fat ou de sot.

DIXAIN.

Grace à Faustin & moi, notre école bachique
Est maintenant sur le bon pié.
Elle n'admet que la moitié
De la Doctrine-Evangélique :
Encor tout Esprit délié
Ne la met-il guère en pratique.
Anglus, la question n'est point problématique :
Vous avez le regard d'un excommunié ;
Et Faustin votre Associé
A l'allure d'un Hérétique.

HUITAIN.

L'Avare qui d'argent ne sauroit s'assouvir;
Qui n'a ni cave, ni cuisine ;
Lequel par goût & par plaisir
Trempe son pain moisi dans le jus d'aluine ;
Qui regorgeant de biens, vit plus mal qu'un Faquir,
Est l'artisan de sa ruïne.
Quiconque cherche à s'enrichir,
Convertit en son sa farine.

SIXAIN.

Puisque l'on veut savoir quel est le jugement
Que je fais du douillet & pimpant Tritoncarle,
Dont trois de ses Ayeux furent Podestats d'Arle,
A ce qu'il chante à tout moment ;
Qu'on sache qu'il raisonne inconsidérement,
Et qu'il n'écrit pas mieux qu'il parle.

QUATRAIN.

QUATRAIN.

Vous m'avez souvent dit qu'en hyver, Sarpedon,
Vous ne brûlez que du bois de Campéche :
Ce n'est point me porter un coup d'estramaçon,
Mais c'est me la donner bien séche.

DOUBLE SIXAIN.

Vous n'êtes point un Hobereau,
Un Pied-plat, un Scieur de planches,
Un cuistre de Collége, un vil Poëtereau.
Vous portez des chemises blanches
Les jours de Fête & les Dimanches :
Quand Décembre est venu, vous avez un manteau.
Soyez ferme sur vos deux hanches ;
Ne souffrez pas qu'un Louveteau,
Qu'un chétif Marmiton, qu'un Rotisseur d'éclanches
Vous vienne déchirer la peau.
Les genoux bien serrés, tenez-vous, Baloufeau,
Au gros de l'arbre, & non aux branches.

DIXAIN.

Lorsqu'à soixante ans nous rimons,
Les petits Vers que nous faisons
Valent moins que de l'eau bouillie ;
Qu'une paire de vieux chaussons :
Ils sont sans suc, sans énergie,
Et plus mols que les mousserons
Qui croissent dans une prairie.
De même les Enfans, Urie,
Qu'à cet âge nous procréons,
Tiennent foiblement à la vie.

QUATRAIN.

Votre femme, Mongus de Gartz,
Est, loin d'être une Fritigilde,
Une coureuse de remparts :
Un Hildebrand toujours rencontre une Mathilde.

HUITAIN.

Que dites-vous de l'Ouvrage naiffant
Que l'on cenfure ouvertement ?
Quoique je puffe employer le farcafme,
Je dis que le Livre eft favant,
A couvert de tout pléonafme.
Muftapha penfe finement :
Il écrit aufli bien qu'Erafme ;
Mais c'eft une tête à l'évent.

DOUBLE-SIXAIN.

Je ne vous le dis pas pour rire ;
Terriblement vous vieilliffez :
Pan n'avoit pas, je crois, les yeux plus enfoncés ;
Vous êtes tout du moins aufli laid qu'un Satyre.
Vous ne m'en dites point affez :
Vous devriez foutenir que je fuis en délire ;
Que j'ai même accès fur accès.
Thaïs, quoique la chofe à conféquence tire,
Ne craignez pas que j'intente un procès
Sur ce que vous venez de dire.
Je veux au contraire y foufcrire :
Eh bien ! je me fais vieux, & vous rajeuniffez.

QUATRAIN.

Comment ! déja grifon & chargé d'un ménage,
Vous êtes amoureux, Pithou !
Je vous plains fort : c'eft grand dommage
Que vous foyiez devenu fou.

DOUBLE SIXAIN.

Ceux qui voudroient nous mettre au nombre des atômes
De folie ont plufieurs fymptômes ;
Sont eux-mêmes des Songes-creux.
La vertu ne fauroit porter des fruits vereux :
Elle en a de plus fains que les meilleures pommes.
Il eft vrai que le Tems nous a tronqué tous deux ;
Vous par les pieds, moi par les yeux :

Qu'importe, Autolie ? nous n'en fommes
L'un & l'autre pas moins heureux.
Ce défaut eft pour nous tout-à-fait glorieux ;
Nous reffemblons à deux grands Hommes :
Annibal étoit borgne, Agéfilas boiteux.

DIXAIN.

Au Parnaffe Adhemar n'eft point une pintade :
Cet homme pilier de tripot,
Mérite qu'Apollon lui donne l'accolade.
Il fait lancer le javelot ;
Monter enfuite à l'efcalade :
Sa veine poëtique eft comme une cafcade,
Qui tombe de cent pieds de haut.
A vrai dire, il a l'air d'un pédant Oftrogot,
Une converfation fade :
A cela près il n'eft point fot.

QUATRAIN.

Vous dites que j'écris d'une drôle maniere :
Vous n'écrivez pas mieux, Pontoux ;
Je mets tout fens devant derriere,
Et votre plume met tout fens deffus deffous.

HUITAIN.

Des Filles vous êtes l'élite :
Mais par un grand défaut votre luftre eft terni :
La rufe fait votre mérite ;
Vous marchez en catimini.
Croyez-vous, matoife Hipolite,
Qu'on foit cruche en ce fiécle-ci ?
Sous les pas d'une Chatemite
Rarement fe trouve un Mari.

DIXAIN.

Le Liban vaut plus que le Pinde ;
Le Taffe moins que le Triftin :
Je fais autant de cas de Gildippe, d'Olinde,
D'Ubalde, d'Odoard, d'Hidraot, de Vafrin,

De Guelfe aussi fort qu'une blinde,
D'Adraste qui regnoit sur l'Inde,
Des arbres animés chacun par un lutin ;
De Tancrede, d'Argant, de Renaud, d'Aladin,
De Sophronie & de Clorinde
Que des cordes d'un clavecin.

SIXAIN.

Quand mettrez-vous au jour ces belles poësies,
Qui sont au coin de votre Cabinet
Dans un bahut ensevelies ?
Toinard, votre stile est si net
Que je réponds des avanies :
Votre Muse auroit tort de craindre le sifflet.

QUATRAIN.

Ces Vers sont pour vous, Démodice ;
Ayés honte de vos erreurs :
La présomption est un vice,
L'hypocrisie un gouffre de malheurs.

DIXAIN.

Il est tems qu'avec vous, Tiphernas, je m'explique :
Vous saurez donc que j'aime mieux
Me transporter au sein Persique,
Pour y pêcher de l'ambre, & ces grains précieux
Dont la blancheur ravit les yeux,
Que d'aller dans votre boutique
Remplir mon cerveau spongieux
De zénith, de nadir, de science héraldique ;
D'angle droit, d'angle obtus, d'algébre, de statique,
Et d'autres fatras ennuyeux.

DOUBLE HUITAIN.

Soit que vous soyiez, Abderame,
En habit de bure ou d'estame ;
De Printems, d'Automne ou d'Eté
J'admire votre propreté :
N'ayez pas peur que je vous blâme

Ni que j'exalte trop votre fagacité.
De papier au Soleil, il faudroit une rame,
Pour décrire vos mœurs & votre habileté.
  Votre cœur est plein de bonté :
 Plus ferme qu'un roc est votre ame.
Comme à l'eau court le Cerf lorsque de soif il brame,
 Tout de même allez-vous à l'immortalité.
 Vous n'apréhendez point que la Malignité
  Avec son marteau vous entame :
Vous avez le cuir dur comme un Hippopotame,
 Et la conception de même dureté.

QUATRAIN.

 Vous me faites sauter aux nues,
Quand vous criez qu'au gain Sixte a l'esprit tendu :
Non, il n'a point les mains crochues ;
 Il ne les frotte que de glu.

HUITAIN.

 Vous êtes en tout un grand maître :
 Vous savez ce que c'est qu'un cap,
 Un astrolabe, un thermométre,
  Une casserole, un hanap.
Vous connoissez l'yambe & le Vers hexametre,
La vertu de la sauge, & celle du jalap :
Aprenez maintenant, Marulle, à vous connoître :
 Vous pouvez tailler en plein drap.

QUATRAIN.

 C'est la lettre, non point la rime,
  Qui nous dit que férocité
  Est le vrai terme synonime
  De celui de stoïcité.

SIXAIN.

 Comme le Pân qui fait la roue,
  Ne connoissant point ses défauts,
  Méprise les autres Oiseaux ;
Ainsi l'homme disert, qu'Uranie amadoue,
Croit, parce qu'aux cafés tout le monde le loue,
 Avoir lui seul les talens les plus beaux.

QUATRAIN.

Qu'il pleuve, qu'il grêle, qu'il vente ;
Qu'en feu foit l'Atmofphére, ou qu'il faffe un froid noir,
Je brife, je trinque, je chante ;
Et je vieillis fans le favoir.

DOUBLE SIXAIN.

Lorfque devant un Juge on difcute une affaire,
On doit parler jufte ou fe taire.
Dès qu'on fait tant que d'avoir un procès,
Défendre bien fa caufe, & ne s'aigrir jamais,
Eft une chofe néceffaire.
J'en tombe d'accord, Bélifaire ;
L'indulgence & l'efprit de paix
Sont des vertus que je revere.
Sans vacarme vuidons nos petits démêlés :
Je fais ce que vous défirez,
Suivés à votre tour mon avis falutaire ;
Taifez-vous, puifque je me tais.

QUATRAIN.

Vous avez la jambe bien faite,
Et moi je l'ai comme un fufeau ;
Mais à mon fens rien n'eft fi beau
Que d'avoir du plomb dans la tête.

HUITAIN.

Quoique j'aie, Abaris, l'air d'un Doyen-rural,
Je ne me laiffe point fous le pied couper l'herbe :
Je fuis fier fans être fuperbe ;
Rufé fans être déloyal.
Je n'ai jamais reçu le bonnet doctoral :
Je fais pourtant délier une gerbe,
Joindre le nom avec le verbe,
Diftinguer le bien & le mal.

QUATRAIN.

Vous êtes au Palais d'Aftrée
A peu près un autre Patru :
Quand vous ferez mort, Briarée,
Perfonne ne faura fi vous avez vécu.

SIXAIN.

Vous ! par votre fcience égaler Epiĉtéte :
Il faut dire cela devant des Ecoliers.
Dans votre jardin, Philarete,
Vous n'avez point des efpaliers :
Il n'y croît que de la roquette,
Des chardons & force halliers.

QUATRAIN.

Craignez ma colére, Afyncrite :
croyez-vous donc bien courts me tailler les morceaux?
Si vous ne gagnez la guerite,
Contre vous je fuis homme à jouer des couteaux.

DIXAIN.

En difant qu'elles font iffues
Du plus noble fang du pays,
Les deux Filles d'Anacharfis
Nous en content de bien coffues :
Quoi ? font-elles donc defcendues
De la côte de Saint Louis ?
Abus ! leur écuffon, au lieu de fleurs de Lis,
En fautoir porte deux maffues
Entre quatre coquefigrues,
Au chef de trois chauve-fouris.

QUATRAIN.

Après avoir volé les lauriers du Parnaffe,
Vous ofez dans vos Parcs les planter au cordeau :
Vous êtes, Margarin, la Corneille d'Horace ;
Mais je vous plumerai, comme on plume un moineau.

SIXAIN.

Si-tôt que la guerre s'allume,
Et qu'on voit que Pégase a l'œil étincellant,
Que l'on n'ait point d'étude, ou que l'on soit savant,
Il est permis d'employer le bitume;
De tremper dans le fiel sa plume,
Pourvû que ce soit en riant.

QUATRAIN.

Ne préparés point la lardoire;
Vous ne tenez pas le gibier:
Vous n'avez pas encor remporté la victoire;
Romuald, rira bien, qui rira le dernier.

DIXAIN.

Folcard plus que sexagénaire,
Comptant sur un long avenir,
Se mêle depuis peu d'apprendre la Grammaire:
Et comme il n'est pas docte, il veut le devenir.
Au lieu d'une telle chimere,
Dont il est bon de vous guérir,
Folcard. si c'est votre plaisir,
Ecrivés ce dicton dans votre cartulaire:
Le mieux que l'Homme puisse faire,
C'est de songer à bien mourir.

DOUBLE SIXAIN.

Aux dépens du Cheval exalter le Girafe,
C'est avoir l'esprit plus gâté
Qu'un petit-maître qui piafe,
Lorsque de ses défauts il tire vanité.
Porter un surtout sans agrafe,
Faire à chaque ligne un pâté
En écrivant un paragraphe,
Ce n'est point imbécilité;
Ni de former mal un paraphe
Un manque de capacité:
Mais vouloir changer l'ortographe,
C'est une ridiculité.

QUATRAIN.

QUATRAIN.

Les écrits férieux, qu'en ce Siécle on publie,
 Ont de l'éclat certainement :
Le mal est qu'il s'y trouve une philofophie,
 Qui manque par le fondement.

SIXAIN.

Commettre un plagiat, j'en fuis d'accord, Barlete,
 Est un crime qui doit faire baisser la tête.
Si l'on peut néanmoins me convaincre de vol,
Foi d'homme simple & grave autant qu'un Espagnol,
 Sans étriers montant une vieille mazette,
  Je l'irai dire au grand Mogol.

HUITAIN.

 Puisque vous défirez d'écrire,
Écoutés, Potamon, ce que je vas vous dire :
 Sachés qu'un volume en petit
 Que chacun s'empresse de lire,
 Soit pour en tirer du profit,
 Ou pour avoir fujet de rire,
 A plus de poids fans contredit
Qu'un grand In-folio que perfonne ne lit.

SIXAIN.

Cocquard n'est point un Auteur méprisable :
Pour un Vers mal conftruit, il en fait trois de bons.
Quoiqu'elle ait des piquans comme les Hérissons,
 Sa Muse chez Venus souvent se met à table.
Ses Quatrains quelquefois font d'un tour agréable,
 Ses Apophtegmes, des Sermons.

QUATRAIN.

Fulbert mériteroit d'être affis fur un Trône :
Il est fage, civil, chaud ami, bon voifin.
 Ne vous y fiés point, Aufone ;
 Bonne terre, mauvais chemin.

SIXAIN.

Mon cœur est fait comme une éponge :
Au mal il n'est point endurci :
La haine jamais ne le ronge.
Quoique de tems en tems j'allonge
Des estocades à Berci,
Je n'en suis pas moins son Ami.

QUATRAIN.

Votre cervelle toujours fume :
Pour les Lettres vous êtes né.
Vous avez le cœur haut, une excellente plume ;
Mais vous êtes, Chryserme, un esprit mal tourné.

HUITAIN.

Peu m'importe que la Critique
Décoche ses traits contre moi :
Je ne pâlis jamais d'effroi.
Comme mon stile est didactique ;
Que j'y vais à la bonne foi,
Je me flate, Joram, d'avoir de la pratique
Si vous êtes sage, Brumoy,
Dès aujourd'hui vous fermerez boutique.

SIXAIN.

Je voudrois que de gale ayant le corps couvert,
Vous eussiez pour le moins un mois la caquesangue.
C'est sans doute aux marchés de la Place Maubert
Que vous avez apris à faire une harangue :
Et moi je vous apprends, Rupert,
Que beau parler n'écorche langue.

QUATRAIN.

En vertu de notre amitié,
Des paroles qu'il dit pour éclaircir mes doutes,
Guichenon mange la moitié :
Plût au Ciel qu'il les mangeât toutes !

DOUBLE-SIXAIN.

Parce qu'il a de belles dents,
Nasica rit à tous momens.
Il se nourrit de fruits qui croissent aux Maldives ;
De truffes, d'artichauts ; de Muges, de Merlans,
De Soles, d'Esturgeons, de Dorades, de Vives :
De Râles noirs, de Hallebrans,
De Gelinottes, de Faisans,
De Bartavelles & de Grives.
Mopsus vit d'œufs brouillés ; se sert pour restaurans
De quelques sucs de choux, de navets & d'endives ;
Fait la moue en parlant aux Gens,
Parce qu'il n'a que les gencives.

QUATRAIN.

Après avoir, Jubal, poussé bien des soupirs,
Vous êtes l'époux de Georgette.
Vous avez une femme au gré de vos désirs ;
Par conséquent martel en tête.

SIXAIN.

Des nobles Champions, d'Harpagon descendus,
Vous l'emportez sur les plus braves.
Courage, lésinés, ne mangés que des raves ;
Ne touchés point à vos écus,
Afin que votre Fils aggrandisse vos caves,
Et fasse bien gaudéamus.

DOUBLE HUITAIN.

Vous aimez, Sulpice Sevére,
L'argent, le vin, la bonne chére,
Les plaisirs, les joyeux propos
Autant que les chérit un Moine gras & gros,
Lorsqu'il a dit son bréviaire.
Aussi fort qu'un Rhinoceros,
Quand vous n'en avez plus que faire,
Vous brisez & verres & pots.
Nous voyons (& la chose est claire)

LA CLINCAILLE
Que vous avez le don de plaire
Aux jeunes & vieilles Cathos.
Vous ne montez votre Galére
Qu'afin de gourmander les flots :
Le front couronné de pavots,
Vous voguez tantôt vers Cithére,
Tantôt vers l'Ile de Naxos.

SIXAIN.

C'eſt une choſe des plus triſtes :
Nous vivons comme chats & chiens.
On voit peu de Paſcals parmi les Janſéniſtes ;
Et dans la foule des Chrétiens
Beaucoup de Matérialiſtes,
Quantité d'Epicuriens.

QUATRAIN.

Vous, être chef d'une Quadrille !
C'eſt un honneur qui vous fait tort :
Belle montre & peu de rapport ;
Vous n'êtes qu'un Gautier Garguille.

DOUBLE-SIXAIN.

Seroit-il vrai que pour vous délaſſer,
Vous ſongez à mettre en lumiere
Des Odes touchant l'art de ſe bien énoncer,
Lorſqu'on veut définir la Matiere-Premiere ?
Pour aller en avant, c'eſt marcher en arriere ;
Enſuite vouloir s'enfoncer
Tout de ſon long dans une orniere.
Pour moi je crois, Popeliniere,
(Et ſoit dit ſans vous offenſer)
Qu'on a plus d'honneur de tracer
Sur du vélin une tête groſſiere,
Que de faire des Vers rudes à prononcer.

QUATRAIN.

Graces à l'appui d'Andocide,
A mes preſſans beſoins la Juſtice a pourvû :
En paſſant la Zone Torride,
J'ai tant crié Noël qu'enfin il eſt venu.

HUITAIN.

Non, vous ne valez pas Commines ni Brantôme :
Quand sur le Pinde on vit d'herbage cuit à l'eau,
Eussions-nous l'esprit de Godeau,
Notre Pégase n'est qu'une bête de somme.
Paul Emile à Paris n'étoit point un atome :
Hecatée est un Lionceau ;
Mais vous, (au jugement de Genève & de Rome)
Vous n'êtes tout au plus, Cerdon, qu'un Souriceau.

QUATRAIN.

Si l'on s'en tient à la Syntaxe,
Ces trois noms adjectifs, durs, ténaces, mondains
Tournent tout autour du même axe ;
Sont, Zonare, Cousins germains.

SIXAIN.

Devant vous, Harpage,
J'étouffe ma voix :
Jouer du haut-bois,
Ce seroit dommage.
A Gens de Village
Trompette de bois.

DIXAIN.

La chose est très-bien avérée :
Tout le monde avec moi le dit,
Dans le cercle des Gens d'esprit
Glauque est un autre Galilée.
Nul feu néanmoins sans fumée ;
Cette remarque n'aboutit
Qu'à démentir la Renommée :
Je soutiendrai, Penthesilée,
De vive voix & par écrit
Que Glauque a la tête felée.

DOUBLE-HUITAIN.

Sous le berceau de fleurs que les Muses ont fait,
Quoi ? vous osez lever la crête ?
Etes-vous donc meilleur Poëte
Que Despréaux & qu'Aroüet ;
Aussi profond que la Placette ?
Tout autant qu'Horace l'étoit,
Etes-vous gai, gras & replet ?
Sylve, au dessous de l'antre où Phébus ronfle & pete,
Vous n'avez qu'une maisonnette
Sans cuisine, sans cabinet ;
Au plus bas du valon qu'un simple jardinet,
Qui jamais n'a produit que rue & sarriette :
Dans ce qui lui sert de banquette
On ne voit pas le moindre œillet,
Aucune plante de muguet ;
Mais parmi des pavots quelques tiges d'ambrette.

QUATRAIN.

Qui prouve trop ne prouve rien :
Ne vous attendez pas que je prenne le change ;
Vous êtes plutôt, Elien,
Un Barbouilleur qu'un Michel-Ange.

HUITAIN.

Le monde est malin, je le sais ;
Mais avec toute sa malice
Je n'apréhende point qu'il me fasse un procès :
Il ne sauroit sans injustice
Tourner en mal ce que je fais ;
J'espere donc avoir la fortune propice,
Puisque je mets force réglisse
Dans mes pilules d'aloés.

SIXAIN.

L'Epervier de ramage est plus fin que le Tourde :
Sot qui fait fonds sur vos discours !
Vous êtes une lime sourde ;
Lestocart, vous biaisez toujours :
Vous prenez plusieurs longs détours ;
Pour ne nous donner qu'une bourde.

QUATRAIN.

Meſſire Proſper des Plateaux
Dans le Sacré Valon ne feme point du tréfle :
Il fait des Triolets, des Stances & Rondeaux
Qui valent fans mentir les noyaux d'une nêfle.

HUITAIN.

Il eſt certain que d'arſenic
Le cœur de l'Homme eſt une mine.
Quand il prépare l'agaric,
Le poiſon ſort de l'alambic.
La ciguë & la branche-urſine
Pullulent dans ſes champs tout autour de l'aſpic.
Lorſque l'intérêt nous domine,
Le fenouil devient aluïne.

QUATRAIN.

Apollinaire au ſujet de mes droits
Me renvoye aux Calendes grecques :
Et moi pour liquider tout ce que je lui dois,
J'attends le jour de ſes obſéques.

SIXAIN.

Je ne m'arrête ici qu'à votre fermeté ;
Vous la pouſſez plus loin que ne va l'héroïſme :
Vous n'êtes pas du Stoïciſme :
Un tronc fans fève & tout gâté.
Vous méritez, Priſcus, d'avoir la royauté
Dans le pays du Gaſconiſme.

DIXAIN.

A mon avis, Protagoras
Devroit être mis ſur le rôle
Des perſonnes dont on fait cas :
C'eſt un Manuce, un ſecond Pancirole.
On peut dire qu'il a, comme un autre Cujas,

A commandement la parole.
Ne vous appercevez-vous pas
Que cet Homme-là vous enjôle ?
Pretés l'oreille à ses discours,
Marcien, mais nagés toujours.

HUITAIN.

En mettant plusieurs ais par dessus l'eau qui coule,
Vous êtes à couvert des piéges qu'on vous tend.
Vous n'êtes point un tâte-poule,
Un jodelet, un ignorant.
Peu vous importe que la foule
Vous froisse le dos rudement ;
Vous regardez, Basta, comme un rien une ampoule,
Parce que vous savez l'art de faire l'onguent.

QUATRAIN.

C'est une faute impardonnable ;
C'est être certes bien camus,
Boutard, que de fermer l'étable,
Lorsque les Chevaux n'y sont plus.

DOUBLE-DIXAIN.

Vous faites beaucoup mieux de manger & de boire
Que de courir après la gloire.
Quand au diné l'on a poule, bœuf, saucisson,
Que là-dessus on boit sans perdre la raison,
On gagne l'amitié des Filles de mémoire ;
On se rafraichit le poumon ;
Notre tête est un repertoire
De choses d'un très-grand renom ;
Dans sa manche on tient la victoire.
Un véritable Biberon
Peut raisonner en Ciceron
Sur la Pratique & sur l'Histoire.
Je confesse avec vous, Bigoire,
Que le râble d'un liévre, un filet de cochon
Valent mille fois plus que les mêts d'Apollon.
Tant qu'à notre dessert nous aurons une poire,

Un peu de fromage, un croûton,
Il faut jouer de la machoire ;
Au Pays fulfuré, qu'arrofe l'onde noire,
On ne trouve pas le vin bon.

QUATRAIN.

Ce que vous dites-là n'eſt qu'une baliverne ;
Silence, mon pauvre Finé :
Je n'ai jamais appris le métier de Laverne,
Mais Mercure vous a très bien diſcipliné.

HUITAIN.

Vous devez tous les mois en dépit de Thalie
Compoſer une Comédie !
Halte-là, rebrouſſez chemin ;
Ne forcés point votre génie.
Votre ſtile eſt nourri ; vous avez le goût fin ;
Avec tout cela, Calderin,
Le Parnaſſe françois vous prie
De n'écrire plus qu'en latin.

QUATRAIN.

Sur le Permeſſe, Dinocrate,
Vous n'allez que du pair avec le matelot ;
Bien loin d'armer une frégate,
À peine pourriez-vous équiper un canot.

SIXAIN.

C'eſt un compliment malhonnête
De vous aller dire, Babet,
Que naturellement vous ſentez le gouſſet.
Votre ſein ſent la violette,
La tubéreuſe, le muguet ;
Parce que de ces fleurs vous portez un bouquet.

QUATRAIN.

Ce qui vient de ſortir, Bol, de votre boutique,
Eſt mieux tiſſu qu'un canevas ;
C'eſt un traité ſcientifique,
Dont les ingrediens ſont paſſés au gros fas.

SIXAIN.

Le roturier Flamel fronde mon origine ;
Ce n'eſt point ce qui me chagrine ;
Cela ne peut être à mon dam.
La ſource du mal qui me mine,
C'eſt de ne pouvoir pas lui prouver, Minervine,
Que ma nobleſſe vient d'Adam.

QUATRAIN.

En pouſſant les hauts cris, lorſqu'un homme vous touche
Vous croyez que Calvart deviendra votre Epoux :
Vous êtes une fine mouche,
Mais Calvart eſt plus fin que vous.

DIXAIN.

Vous étiez autrefois un très-dangereux ſire ;
Vous aviez l'eſprit délié :
Au Public maintenant vous apprêtez à rire ;
Vous êtes pour le moins déchû de la moitié.
Seigneur Arioviſte, un ſimple Chauffe-cire,
Qui n'a qu'un ſifflet de Satyre,
Vous a comme pétrifié :
Il a fait taire votre lyre.
Il nous eſt donc permis de dire
Que vous avez trouvé chauſſure à votre pié.

QUATRAIN.

Floretti, dans vos Vers pointus comme pois-chiches,
Je remarque des traits hardis & lumineux :
J'y vois partout des rimes riches,
Et toujours un Poëte gueux.

HUITAIN.

Puiſque nous ſommes tête-à-tête,
Avant que l'amour nous permette
De pouſſer les beaux ſentimens,
Pourrois-je un peu ſavoir, Broſſette,

Quels font vos divertiffemens ?
Je lis reglément la Gazette ;
Après quoi je parle, Antoinette,
Et de la pluye & du beau tems.

DOUBLE SIXAIN.

Des Lettres d'un Ancien, que le Barreau revére,
 Vous avez donné le précis
Non pas au Roi qui régne au nord de l'Hémifphére,
 Mais au Prince Royal fon fils.
Souffrés, quoique je tremble au moindre cliquetis,
 Que je vous en faffe la guerre ;
 Lorfqu'on fait des préfens, Nabis,
 A des Mortels que le Ciel a choifis
 Pour lancer un jour le tonnerre.
Il faut des Diamans, des Saphirs, des Rubis :
 Ce qu'on offre aux Grands de la Terre
 En fon genre doit être exquis.

HUITAIN.

Comme il femble qu'en moi vous prenez confiance,
 Et que vous êtes inquiet
 De favoir tout ce que je penfe
 Du Livre que vous avez fait
 Sur la véritable éloquence,
 Sachés que j'y trouve, Isbofeth,
 Beaucoup de mots, peu de fubftance ;
 Bien des pointes, & rien de net.

SIXAIN.

 Parce que Taxandre me trompe,
 Et que fon chat égratigne mon chien,
 Faut-il que la paille je rompe ?
Qu'afin de me venger, je devienne un vaurien ?
Que je faffe du bruit, comme un pifton de pompe ?
Non, je veux le confondre en lui faifant du bien.

QUATRAIN.

Celui qui cache (*) sa folie
L'emporte sur l'Homme prudent,
Qui, pour résister à l'envie,
Se déguise, s'abaisse ; enfouït le talent.

HUITAIN.

Vous avez beau faire & beau dire ;
A travers votre gaïeté
Je vois que votre ame soupire.
Vous n'avez pas tant de quoi rire ;
On vous a par terre jetté.
Pratiqués donc l'humilité :
Les Rieurs aujourd'hui, Zoïre,
Ne sont pas de votre côté.
Phébus ne se plaît point qu'on fasse
Eclater la mordacité.
Si vous désirez qu'au Parnasse
Il vous comble d'honnêteté,
Tremblés quand son œil vous menace ;
Renoncés à la vanité ;
Chassés de votre cœur l'audace,
Cultivez-y l'aménité.

SIXAIN.

Vous donneriez la Henriade
Pour les Ouvrages d'Aceilly !
Cela certes n'est point joli :
J'apperçois clairement par cette arlequinade
Que vous aimez mieux, Cyriade,
Les harangs pecs qu'un bon bouilli.

DIXAIN.

Avons-nous donc le sang aduste ?
Au lieu de tant pindariser

(*) *Ecléfiastique*, chap. XX. verset. 32.

Ne pourrons-nous pas parler juste ?
L'un se sert du mot *éduquer* ;
L'autre ose dire *naufrager* :
Ce jargon-là me tarabuste.
Quelle honte pour nous de ne point s'attacher
Au siécle de Louis, Imitateur d'Auguste !
Qu'arrivera-t-il ? On verra
Renaître celui d'Attila.

DOUBLE SIXAIN.

Avec l'ivoire on fait les billes ;
Avec de l'osier un coffin :
L'ambre en poudre, imbibé d'huile de tamarin,
Est propre à faire des pastilles.
Vous n'amassez point des coquilles,
Eussent-elles l'éclat du corail le plus fin :
Vous faites comme les chenilles
Qui font leurs œufs dans un Jardin ;
Vous rongez les fleurs de Jasmin,
Les Narcisses, les Lis, les Roses, les Jonquilles :
Et pour changer, Tyrtée, en velours vos guenilles,
Vous allongez le parchemin.

QUATRAIN.

Pour s'enrichir on court plus vite que les Onces :
Point d'argent point de Suisse ; on n'entend que cela.
Soir & matin l'on brosse à travers mille ronces,
Et le pis, c'est qu'on meurt sans savoir où l'on va.

DIXAIN.

Vous avez grand tort, Cangiage,
De prendre Achmet pour un Oison :
Lui qui d'un Coq a le plumage !
Qu'il soit joueur de harpe, ou de psalterion ;
Chrétien ou Juif, sociable ou sauvage,
Hipocrite ou dévot, malicieux ou bon ;
Avare ou libéral, extravagant ou sage,
Humble ou vain, triste ou gai, courageux ou poltron,
Laissez-le jouir du renom
Qu'il s'est acquis dès son jeune âge.

SIXAIN.

Puisqu'il a bû de l'eau du Nil,
Qu'il ne manque point de génie ;
Qu'il a les dents d'une Lamie,
Et les ferres d'un Algouazil,
A Boniface Dumesnil
L'Hélicon doit donner le droit de bourgeoisie.

QUATRAIN.

Nous sommes presque, Alcman, chauffés à même point;
Vous allez à cheval, moi je vais en caléche :
Au bureau de Comus vous êtes mon adjoint ;
Votre fort c'est la chasse, & mon fait c'est la pêche.

DOUBLE-SIXAIN.

S'attaquer au destin, ce sont des coups perdus :
Il vaudroit mieux faire une hoche.
Avons-nous soixante ans complets & revolus,
Fermons à double tour le temple de Janus ;
Empêchons qu'à son clou l'Himen ne nous accroche.
Ce n'est point un petit abus,
Après qu'elle nous a bien pelé la caboche,
De vouloir empêcher qu'avec ses doigts ossus
La Mort au beurre noir les deux yeux ne nous poche;
De chercher à fondre la cloche,
Lorsqu'aux plaisirs charnels notre cœur ne tient plus
Que par une foible filoche.

HUITAIN.

J'ai sû qu'hier chez Akiba
Démonax me turlupina.
Je m'en vais risposter d'une terrible force :
Nous verrons s'il y reviendra.
Présomption que tout cela !
Croyez-moi, Coquillart, soufflés sur votre amorce :
Voyez-vous ce gros arbre-là ?
Démonax est le tronc, & vous êtes l'écorce.

QUATRAIN.

Vous n'avez ni bois ni foyer ;
Vos perruques font des tignaffes :
Il ne faut pas être forcier
Pour dire que chez vous, Friart, les eaux font baffes.

SIXAIN.

Ne futor ultrà crepidam :
C'eft une devife latine
Qui doit vous faire, Keckerman,
Souvenir de votre origine.
Vous n'avez été qu'un forban,
Pourquoi par un plumet rehauffer votre mine ?

DIXAIN.

J'aime bien les hommes fournois :
Ils ne demandent qu'à fe battre.
Billaut, je ne fuis point grand abbateur de bois,
Mais pour un coup que je reçois
J'en donne deux, quelquefois quatre.
Ne parlés plus de vos exploits :
Gryphiander, je m'apperçois
Que vous êtes un des bons drilles
Qu'ait produit le Pays d'Artois :
Il faut donc que je trouffe & mon fac & mes quilles.

QUATRAIN.

Oui, vous êtes un gros glouton,
Un tripe-fauce inacoftable :
Vous avez toujours, Balfamon,
Le dos au feu, le ventre à table.

HUITAIN.

Quand les hommes font querelleux,
Injuftes, malins, foupçonneux ;
Qu'ils fulminent & qu'ils fe vangent,
On peut les voir changer en mieux.

Mais lorsqu'ils dévorent des yeux
Les morceaux que les autres mangent ;
Qu'ils sont nés avaricieux,
Il est impossible qu'ils changent.

DOUBLE SIXAIN.

Je ne suis point d'avis d'enfouïr mes talens,
Disoit un Egrillard qui hante le Parnasse :
Je m'en vais faire un livre, & dans la dédicace
A quelque vieux Mecène offrir bien de l'encens ;
Coudre ensuite à l'Epître une longue Préface.
Par des discours pompeux & des écrits savans
Plusieurs ont fait honneur aux Siecles précédens :
Etes-vous assez fort pour illustrer le nôtre,
Lui repartit un cuistre & rond & des plus francs ?
Quel aveuglement est le vôtre !
Si vous avez, Evagre, un rayon de bon sens,
Vous ne ferez ni l'un ni l'autre.

HUITAIN.

Non, il n'est pas besoin d'avoir,
Lorsqu'on vous parle, Pisistrate,
Toujours à la main l'encensoir :
Toute louange outrée est platte.
Accoudé sur votre comptoir,
Vous n'êtes point un Automate :
Vous ne mêlez jamais le blanc avec le noir ;
Mais vous trouvez fort beau qu'on vous graisse la patte.

QUATRAIN.

Vous jouez de la lyre aussi bien qu'Arion :
Votre voix va du pair avec celle d'Orphée :
Que pensez-vous qu'un jour dise la Renommée ?
Que vous avez été, Salnove, un histrion.

SIXAIN.

Qui pourroit s'empêcher de rire,
Lorsque vous dites, Tassoni,
Qu'après que l'on a lû le recueil de Cailly,
Les autres petits Vers ne sont plus bons à lire ?
Cela n'est point parler ; il auroit falu dire
Que tous les Rimailleurs travaillent pour l'oubli.

DOUBLE.

DOUBLE-HUITAIN.

Quand Mamertin marche, il se gonfle;
On le prendroit pour un Milord:
Quand il est au lit, & qu'il dort,
Il ouvre un pan de gueule; il ronfle:
C'est une marque qu'il est fort.
Aussi la preuve en est bien claire;
Sa femme accouche tous les ans.
De là viennent ces soins chaque jour renaissans,
Qui le plongent dans la misere:
De là procéde à tous momens
Cet orgueil extraordinaire,
Qui fait qu'il se compare aux Héros de son tems.
Ce foible est des plus surprenans:
Ne voyez-vous pas que les bêtes,
Mille malotrus Payfans
Font, Mamertin, ce que vous faites?

SIXAIN.

Les traits que tracent mes pinceaux,
Sont tous tirés d'après nature:
Ils forment différens tableaux,
Qui tiennent de la mignature;
Mais qui n'étant ni laids ni beaux,
Ont grand besoin d'une bordure.

HUITAIN.

Je vois que vous avez, Phocus, le diable au corps,
Et le venin des Salamandres:
Comme si vous étiez un Taureau des plus forts,
Vous attaquez les Alexandres,
Les Amurats, les Almanzors,
Les Coridons, les Mirtils, les Sylvandres.
C'est n'avoir point de cœur que d'insulter aux morts:
A quoi bon remuer leurs cendres?

QUATRAIN.

L'homme de toute ancienneté
Nage dans les plaisirs, ou d'ennuis se consume.
L'un est sur le grabat ; l'autre en bonne santé ;
L'un goute la douceur ; l'autre boit l'amertume.

DIXAIN.

Souhaitez-vous de vivre heureux ?
Fuyés l'haleine d'un yvrogne,
Les discours d'un Présomptueux,
D'un jeune Débauché, d'un Vieillard caterreux,
Et d'une Femme sans vergogne.
Surtout méfiez-vous, Chauvreux,
D'un Homme qui vous parle, & qui baisse les yeux ;
Comme aussi d'un Brachmane à rubiconde trogne :
Ces derniers sont plus dangereux
Qu'un Etalon qui rue, & qu'un Verrat qui grogne.

QUATRAIN.

Ceci vous regarde, Jaillot ;
Trempés votre pain dans ma sauffe :
Il faut qu'un mari soit bien sot,
Quand sa moitié porte le haut de chausse.

HUITAIN.

Personne ne me tient, Florent,
Sur le tapis impunément.
Ce n'est pas d'aujourd'hui que je me sers du casque :
Avec les Fourbes je me masque.
Les éclairs & les coups de vent
Forment une bourrasque ;
Plusieurs ravines un torrent :
Vous êtes satyrique, & moi je suis fantasque.

SIXAIN.

L'Homme est un objet de pitié :
Son ombre lui sert de (*) Fétiche.
Sa raison toujours foible est une terre en friche ;
Qu'il ne cultive qu'à moitié.
On le voit vers le bien aller à clochepié,
Et vers le mal courir, comme court une biche.

QUATRAIN.

Vous n'êtes point têtu comme l'étoit Ruyter,
Ni brutal comme un Massagete ;
Vous êtes seulement Stofler,
Une tête de girouette.

SIXAIN.

Pallade, avec vous je conviens
Que mes talens ne valent point les vôtres ;
Que tous les Hommes sont de francs Comédiens ;
Que les uns se moquent des autres.
Avide d'honneur & de biens,
Tel croit faire beaucoup qui ne fait que des riens.

QUATRAIN.

Des Livres qu'à fait Diophante,
Quoique polis comme miroirs,
Quand j'ai la courante,
Je fais des mouchoirs.

HUITAIN.

Nous savons qu'autour du Parnasse
Dès l'âge de vingt ans vous avez voyagé,

(*) *Selon la dixieme Lettre de Guillaume Bosman, qui roule sur la Réligion des Negres, Fétiche est une IDOLE que chaque particulier choisit à sa fantaisie, & dont il implore l'assistance, lorsqu'il tombe en affliction. Ce Culte africain a quelque rapport avec celui que Rome rendoit aux* LARES.

Et que fur le Pinde, Garaffe,
Vous êtes au large logé :
En grande eau nous voyons que vous avez nagé ;
Cependant craignez tout : Dofangar vous menace :
Le Nord fouffle ; adieu la bonace :
Vous allez être fubmergé.

SIXAIN.

S'abandonner au Pyrrhonifme
Après avoir été Chrétien,
C'eft un pur Neftorianifme ;
C'eft tomber, Annibalien,
A plomb dans le paralogifme ;
C'eft apoftafier comme fit Julien.

QUATRAIN.

Puifqu'il faut qu'avec vous je rompe,
J'ofe le foutenir, Commire, à votre nez ;
Dans vos difcours vous avez de la pompe :
En écrivant vous griffonnés.

HUITAIN.

Du fiel le plus amer votre plume s'imbibe :
Pour cette raifon-là je voudrois qu'on vous mît,
Capys, dans les prifons d'Antibe,
Et que la fiévre quarte enfuite vous faifit.
Vous faites très-fouvent ce qu'Apollon prohibe ;
Il ne vous refte plus que de faire un écrit
Dans le goût de la Diatribe,
Que contre un Savantas un grand Poëte fit.

SIXAIN.

Toujours va qui danfe, Simmaque :
Vous n'en voulez pas convenir ;
Et moi je dois vous avertir
Que vous êtes un maniaque,
Un Mifantrope, un Hypocondriaque
Que la mort feule peut guérir.

QUATRAIN.

Quand je puis pincer Capréole,
Il me semble, Maimbourg que je gobe un œuf frais;
Ou qu'au jeu de l'hombre je fais
Matadors, fans prendre & la vole.

HUITAIN.

Fou qui fe fie à vous Gabrin !
Vous êtes un maître-gonnin
Qui favés plus d'une rubrique :
Il faut fe lever bien matin
Pour fe mettre à couvert de votre humeur cauftique.
Toutes fois contre vous je ferai le mutin :
On ne craint point un Spadaffin,
Lorfqu'on fait manier la pique.

QUATRAIN.

Pourquoi vous-même vous louer ?
Avez-vous des talens louables ?
Vous n'êtes, Bojorix, bon qu'à vous engouer :
Vous n'aimez que Venus, & qu'à piquer les tables.

HUITAIN.

Quels airs ! Vous croyez donc, Nunnez Carpaccio,
Ecrire auffi bien que Polibe,
Le Camoëns, ou que Garci-Lafo ?
Vous êtes au contraire un homme à vertigo ;
Moins apprivoifé qu'un Caribe,
Plus lourd qu'un Bufle de Congo.
Votre livre imprimé par Simon Guindano,
De pain d'orge & de gland ne vaut pas une bribe.

DOUBLE-SIXAIN.

Il ne faut de perfonne envier le bonheur :
De la Fortune on doit laiffer rouler la roue :
C'eft fraper juftement Abarbinel au cœur,
De le qualifier de Prévaricateur ;

Après quoi lui faisant la moue,
De lui donner tantôt le nom de Vavasseur,
Tantôt celui de Bourdaloue.
Bien qu'il m'ait sans sujet témoigné de l'aigreur,
J'admire les talens dont Minerve le doue :
J'ai du respect pour cet Auteur.
Ce qui d'Abarbinel semble flétrir l'honneur,
C'est qu'il fait sur le bon rejaillir de la boue.

QUATRAIN.

Vos Ouvrages sont beaux : mais eussiez-vous l'esprit
Du plus subtil Bramine, ou du plus docte Bonze,
Vous avez mal fait d'avoir dit
Qu'ils dureront plus que le bronze.

DOUBLE-HUITAIN.

A quoi pensez-vous, Oppenord,
De regarder comme stupides,
Comme des Rejettons des Huns & des Gépides,
Les différens Peuples du Nord ?
Point tant de raisons, je vous prie !
Loin de vous applaudir, je vous blâme ; & je crois
Que parmi les Brandebourgeois,
En Prusse, dans la Germanie,
En Danemarc, dans la Samogitie,
Chez les Russes, les Dantzicois,
Dans le Holstein, dans la Scandinavie,
En Pologne, dans la Gothie,
Chez les Saxons & chez les Suedois.
On trouve des Gens de génie,
Qui peuvent, aussi bien qu'on le parle à Paris,
Parler françois dans leur Pays.

QUATRAIN.

Vous êtes plus bruyant mille fois qu'une cloche;
Vous jurez comme un porte-faix:
Allez vous en chez vous, Toftat, tourner la broche;
Je n'aime que le bruit que moi-même je fais.

DOUBLE-SIXAIN.

Outre les Celænos, dont le Pere & la Mere
Furent la Nuit & le fleuve Acheron;
  Filles à griffes de Griffon,
  Que la Fable nomme Mégere,
  Lyssa, Tysiphone, Alecton;
Qui la torche à la main, sont derriere Pluton,
Lorsque celui-ci grimpe à son Trône de verre:
  J'en fais quatre autres sur la Terre,
  Qui dans le cœur ont autant de poison;
Quant à leurs doigts, une aussi bonne serre:
Mais desquelles ici, pour éviter la guerre,
  Je veux en blanc laisser le nom.

QUATRAIN.

 Que croyez-vous faire, Sotade,
  Avec votre air rebarbatif?
  Je fais jetter une grenade;
 Je ne vous crains ni mort ni vif.

HUITAIN.

Quiconque est riche est tout. Sans sagesse il est sage;
Il a sans rien savoir la science en partage.
Ces deux Vers de Boileau que vous cités souvent
  Vous touchent de près, Villalpand:
  En termes formels cet adage
  Dit que vous avez force argent;
  Et moi j'affirme par serment
  Que vous n'avez rien davantage.

DIXAIN.

Tout ce que j'apperçois ne peut que m'affliger:
  Le Monde n'est que manigance.
Tel veut de leurs défauts les autres corriger
Qui sur les siens lui-même a besoin d'indulgence:
Tel est né Gentilhomme au sein de l'Opulence
Qui meurt faute d'avoir des croûtes à gruger:

Tel est de petite naissance
Qui fait mieux que son pain manger :
Tel ose en Caton s'ériger
Qui n'a ni bonnes mœurs, ni savoir, ni prudence.

QUATRAIN.

Vous n'avez pas compris ma dissertation !
Je ne saurois qu'y faire, Eutyche ;
Je connois seulement que je serois trop riche,
Si je pouvois donner la compréhension.

SIXAIN.

Fi de ces Traîneurs de rapieres,
Qui coupent en quatre un cheveu ;
Ne se nourrissent que de peu,
Et se juchent dans des chaumieres.
Voulez-vous que le Monde admire vos manieres ?
Faites-moi grand chere & beau feu.

HUITAIN.

Vous marchez, dites-vous, d'assez près sur les traces
Que dans Cithére fait la Déesse Cypris,
Lorsqu'elle y va faire des chasses.
Nous le voyons, Britomartis ;
Vous n'imitez point les limaces ;
Vous allez à grands pas vers les jeux & les ris.
On le sait, vous avez des graces ;
Mais ce sont celles de Baucis.

SIXAIN.

Vous venez de donner un Ouvrage à la France,
Joli par sa varieté :
Pourquoi jetter, Valla, des cris de doléance,
Comme si contre vous le Parnasse eut pesté ?
Puisque vos envieux gardent tous le silence,
Comptés que votre livre est des Savans gouté.

QUATRAIN.

QUATRAIN.

Comme les pois qu'on cuit font agités par l'onde,
Pour remplir l'estomac de quelque Juif friand,
Il en est de même en ce monde ;
L'un s'éléve, l'autre descend.

DIXAIN.

A bien examiner la chose,
Je ne suis rien au prix de vous :
Lorsqu'en mon reduit je compose,
J'écris nodus pour rimer avec choux.
Critiqués, commentés, parodiés ; Fulgose,
Votre savoir ne me rend point jaloux ;
Dans une Comédie (*) en prose
Jouez du bâton à deux bouts :
Quant à moi, je ne me propose
Que de vous voir combattre, & de juger des coups.

SIXAIN.

Quand je vois deux Savans d'une moyenne taille
Sous une armure de Héros
Entrer dans le champ de bataille ;
Je m'imagine voir deux Coqs,
Lesquels montés sur leurs argots,
S'agacent pour un brin de paille.

QUATRAIN.

D'un bout du monde à l'autre il n'est qu'heur & malheur
Tout Flibustier qui vient attaquer un Corsaire,
Ne sauroit sortir, Calocére,
De ce combat à son honneur.

DOUBLE-DIXAIN.

Agésandre & Plotin se savent bien défendre :
On ne les voit ni fuir, ni demander quartier.

(*) *Intitulée* LE DOCTEUR SANGRIDO, *scène premiere, page* 11. *Piéce insipide de Mr. le Professeur* F***.

Tome I.

Difons à l'égard du premier
Que fon feu couve fous la cendre,
Pour enfuite au loin fe répandre.
Le fecond a toujours de l'encre à l'encrier :
Malheur aux Ecrivains qui viennent l'entreprendre ?
Quels qu'ils foient, il leur donne un plat de fon métier,
Au rifque de m'égofiller,
Je vais à tous deux faire entendre
Qu'ils doivent par honneur fe réconcilier,
Quand même l'un de l'autre auroit dit pis que pendre.
Soyez prudent, Anaximandre :
Laiffés-les plutôt chamailler.
Moi qui ne fuis qu'un Ecolier,
Dans l'arêne avec eux je n'irai point defcendre :
Je me contenterai de dire qu'Agéfandre
Peut paffer pour un gros Banquier,
Et que Plotin n'eft, à tout prendre,
Qu'un véritable Clincaillier.

SIXAIN.

J'écris mieux que Rollin ; j'ai le feu de Bocace :
Je fuis Peintre, Sculpteur, Mathématicien ;
Je mefure au boiffeau les tréfors du Parnaffe :
Ces talens toutefois ne me produifent rien.
Ne parlez pas ainfi, Collaffe ;
Je fais que vous avez dans la Lune un beau bien.

QUATRAIN.

Votre dépenfe journaliere
Ne va point, Hottinger, au de-là d'un tefton :
Cependant s'agit-il de porter un momon,
Vous faites de l'argent litiere.

SIXAIN.

Vous n'êtes pas un Fagotin ;
Un fouffleur de forge, un Ciclope :
Vous êtes plutôt, Favorin,
Philantrope qu'un Mifantrope.
Moquez-vous de votre horofcope :
La divination ne fait pas le devin.

HUITAIN.

Tirésias, ce pauvre hére,
A ses frais & dépens met au jour ses écrits :
Les Ouvrages qu'il vient de faire,
De poussiere couverts, seront bientôt pourris.
Vos Poësies au contraire
Au poids de l'or se vendent, Bothéric :
Il vaut mieux néanmoins tomber dans la misere,
Que de se rendre illustre, en volant le Public.

SIXAIN.

Parmi les Ports de havre, où regne la bonace,
On admire celui de Brest.
Des Lyriques Latins le meilleur, c'est Horace :
Mais du Sud jusqu'au Nord, du Couchant jusqu'à l'Est
Rien ne fait tant pitié que votre plume, Arbace ;
Votre plume & vos Vers ne valent pas un zest.

HUITAIN.

Cachez-vous au fond d'une nue ;
Vous n'êtes qu'un enfant gâté :
Bien qu'elle soit une sangsue,
Votre Muse, Ixion, n'est rien moins que joufflue :
Ses habits en lambeaux marquent sa pauvreté.
Elle a les jambes d'une grue,
La démarche d'une tortue,
Le teint brun, le nez épaté.

QUATRAIN.

Je ne suis point Renard à me prendre à la trape :
Je suis fort comme un dogue & fin comme un serpent.
Les mains me démangent ; je frape,
Lorsqu'on me donne un coup de dent.

HUITAIN.

Quand vous dites qu'il faut coucher avec sa bourse,
Manger du pain bien noir, des viandes sans saveur ;

Ces bons avis coulent de source :
Sur les lévres je vois que vous avez le cœur.
Vous n'avez jamais pris une Laye à la courfe :
Vous aimez mieux couper la tête d'un chou-fleur.
Vous croiriez être, Albin, ruiné sans ressource,
Si vous mangiez comme un Chasseur.

SIXAIN.

En lisant le Livre qu'Antée
En lumiere a mis depuis peu,
J'ai senti que mon ame étoit presque étouffée :
D'où vient cela, mon cher Neveu ?
C'est que ce grand Poëte a jetté tout son feu,
Et qu'un tison éteint jette de la fumée.

QUATRAIN.

L'opulent, le farouche & superbe Hybréas,
Dont la tête légere est une des plus folles,
Me regarde de haut en bas ;
Et moi je hausse les épaules.

DIXAIN.

Vous dites, Hardouin, que les Ecrits d'Obstal
Sont d'une grande platitude :
Vous y trouvez que l'ordre est peu grammatical ;
Vous en avez montré toute la turpitude :
Ce traitement me paroît rude.
Moi qui prends suif pour miel, le buis pour du sandal ;
Qui confonds la copie avec l'Original ;
Qui ne luttes jamais contre un Homme d'étude,
Je dis avec la Multitude
Qu'Obstal a le sens droit, & le stile inégal.

QUATRAIN.

Puisque vous connoissez ce qui lâche & constipe ;
Ce que c'est qu'un coulis, un gâteau feuilleté,
On ne peut pas dire, Dexippe,
Que vous soyiez un Homme ignare & non lettré.

SIXAIN.

Votre vieil Apollon vaut moins qu'une jujube,
Qu'une mouffe qui croît fur le bord du Danube;
Vous ne l'avez jamais frotté d'onguent rofat.
    Pourquoi vous vanter, Odénat ?
Votre Génie eft noir & fec comme un Incube :
Votre Mufe a le teint couleur de nacarat.

HUITAIN.

    Soyez perfuadé, Sirice,
Que dans l'occafion je vous rendrai fervice.
  A d'autres, à d'autres, Cliétou !
Quoique fa tête foit de bon fens peu fournie,
    La Souris toujours fe défie
    Du Chat huant & du Matou.
    Bien extravagante eft la Pie
Qui fe laiffe endormir par le chant du Coucou.

SIXAIN.

Vous affectez d'écrire en rimes redoublées
  Sur de petits fujets mille fois rebatus :
Savez-vous, Cruciger, ce qu'on dit là-deffus ?
    Que ce font des billevefées,
    Monotones, mal agencées ;
  De moindre prix qu'un Carolus.

DIXAIN.

    Vous ne faites pas bien de dire
    Que comme Fille de Cypris,
    A jufte titre on vous admire :
    Vous diriez vrai, Paryfatis,
    Si vous difiez que votre empire
Dans les murs d'Amathonte eft des moins affermis ;
Que l'Automne, l'Hyver, l'Eté votre teint tire
    Plus fur le noir que fur le gris :
Que vous n'avez (pardon fi j'éclate de rire,)
Ni d'efprit, ni d'apas, ni d'Amans, ni d'amis.

SIXAIN.

Qu'on habite un hôtel ; qu'on n'ait qu'une chaumiere
Il faut du vrai toujours être cultivateur :
La Lis est une Riviere,
Le Lis une belle fleur ;
Euterpe une Mufe altiere,
Titreville un trifte Auteur.

QUATRAIN.

Je l'ai dit, & je le repéte :
Tout Homme de favoir qui devient orgueilleux,
Et qui tourne à tout vent, comme une girouette,
Fut-il un Ariftarque, eft un Homme odieux.

DOUBLE-SIXAIN.

On reconnoit à votre ftile
Que votre ame n'eft point fervile :
Elégamment vous écrivez,
Et le fin du fin vous tirez :
Votre préfervatif eft un ouvrage utile.
De l'air dont vous vous y prenez,
Je crois qu'à la fin vous pourrez
Corriger la Cour & la Ville.
Mais lorfqu'en lice vous entrez,
Votre chapelet fe défile :
Je trouve, Roberval, que vous évaporez
Un peu trop fouvent votre bile.

QUATRAIN.

Ceux qui vous prennent, Bonnefons,
Pour un dénicheur de Fauvettes,
Ne font pas fondés en raifons ;
Vous n'en voulez qu'aux groffes Bêtes.

HUITAIN.

Selon votre plan Calanus,
Vous allez redreffer le Monde Littéraire ;

Et pour l'honneur de la Grammaire
Reformer quantité d'abus.
C'est un désir des mieux conçus,
Qui pourroit bien vous faire braire :
Autant que rebourt le Vulgaire,
Autant les doctes son tetûs.

DOUBLE SIXAIN.

Vous riez comme un fou, Tigrane,
Quand ma Muse sur le verglas
Glisse, & se rompt jambes & bras.
Pour moi, plus patient qu'un âne ;
Triste autant que l'est un Brachmane
Qui dans six jours n'a pris que deux mauvais repas,
Je pousse cent piteux hélas,
Lorsque reduit à la ptisane,
Vous tremblez sur vos matelas ;
Non de la fiévre ou des frimas,
Mais de plusieurs excès qu'avec une Sultane
Vous avez fait en maigre & gras.

QUATRAIN.
Messire Turselin Plantage,
Votre Livre des mœurs est un écrit bien fait ;
Malgré cela tout Homme sage
Le tient sur une planche au coin de son retrait.

SIXAIN.

Vous êtes, Parthenope, une fine rusée ;
Vous allez toujours en avant :
Vous savez tous les tours d'une Vieille édentée.
Je suis encore plus savant ;
Je devine votre pensée,
Et mon œil voit courir le vent.

QUATRAIN.

Vous allez donc, Aristophane,
Cette semaine à Drusille être uni ?
Epousez plutôt Roxelane :
Vous trouverez la Pie au nid.

HUITAIN.

N'allez pas me vanter votre littérature :
Elle ne fera point encherir le papier.
Vous avez pour tout lot du favoir la raclure ;
Je ne vois rien en vous, Buffier,
Qu'un miférable Cazanier.
Je juge par votre encolure
Que vous devez avoir la conception dure,
L'ame foible, l'efprit groffier.

SIXAIN.

Parce que j'ai la barbe blanche,
Vous donnez de l'encens jufques à mes défauts :
Après m'avoir placé parmi les Nominaux,
De chêne par honneur vous m'offrez une branche.
On ne fe mouche plus aujourd'hui fur la manche :
L'âge n'eft fait, Kalf, que pour les chevaux.

DIXAIN.

Fremiot eft rêveur ; le chagrin l'accompagne :
Son état fait prefque pitié.
Vous avez de fa gloire effacé la moitié ;
Vous l'avez mis au rang où Boileau mit Caffagne,
Tant que vous avez pû vous avez décrié
Le Fontenelle d'Allemagne.
Sur lui comme un Cerafte, Ifmaël la Chaffagne,
Vous êtes venu fondre, & le Cerf a plié :
Laiffez-lui battre la campagne ;
Vous l'avez à préfent affez mortifié.

QUATRAIN.

Lorfque vous aurez mis à flot votre ramberge,
Baiffés le pavillon devant moi, du Terrail :
Vous n'êtes qu'un Pêcheur à verge ;
Moi je pêche avec le tramail.

DOUBLE SIXAIN.

Parce que vous citez les Plantins, les Etiennes,
 Les Pafchafes, les Papias
 Et les Fables Miléfiennes,
 Croyez-vous, Callicratidas,
Que vos leçons foient au deffus des miennes ?
Quand chez Pan vous allez prendre quelques ébats,
On vous voit fur un char tiré par deux Hyenes.
Votre bouche fe plaît à dire des mots gras :
Bacchus n'entonne point de fi belles Antiennes.
Comme fi vous étiez le pere des frimas,
 Votre tête reffemble aux Alpes Cottiennes ;
  Mais votre efprit ne blanchit pas.

HUITAIN.

 Vous tombez fur la friperie
Du grand faifeur de Vers, le riche Acindynus :
Savez-vous, Harpagon, qu'un Poëte Créfus,
 Lorfqu'un Audacieux fronde la Poëfie,
  Aifément fe met en furie ?
  Soyés refervé là-deffus ;
 Pefés vos termes, je vous prie,
  Comme vous pefez vos écus.

SIXAIN.

Si nous nous obftinions à nous faire la guerre,
 Notre honneur en feroit terni :
Pendons, Abulpharage, au croc le cimeterre ;
Démêlons doucement notre brouillamini.
 Sommes-nous morts, on nous enterre :
Et voilà le chemin des rondes aplani.

QUATRAIN.

Il ne fort que mielat de la bouche d'Hélene ;
Mais fon minois hagard n'anonce rien de bon :
 Quant au chant, c'eft une Siréne ;
 Quant au vifage, une guenon.

Tome I.   K

SIXAIN.

A force de fe croire aimable,
Olgerde s'imagine avoir de la beauté ;
Etre plein de dextérité.
Ce fentiment eft foutenable :
Olgerde eft un Homme admirable,
Lorfqu'il ouvre quelque pâté.

HUITAIN.

Sans prendre votre houppelande,
Puifque vous avez pris campos
Pour aller trouver Atropos,
Cette hideufe & farouche truande ;
N'ayez pas honte, Molinos,
Une mandille fur le dos,
De danfer une farabande
Dans le grand falon de Minos.

QUATRAIN.

Si vous étiez natif de Trajanople en Thrace,
Vous feriez au nombre des Ours ;
Mais étant né, Rangouze, au pied du Mont-Parnaffe,
Il faut que l'on vous mette au rang des Trouvadours.

SIXAIN.

Vous difiez ce matin, Phillyre,
Que vous aviez un air digne d'être admiré ;
La bouche comme un pois, l'œil vif, le front quarré ;
Les autres traits plus beaux que ceux qu'on forme en cire
Vous avez bien fait de le dire :
On l'auroit toujours ignoré.

QUATRAIN.

Vous avez, Ardabure, une très-belle jambe,
Des yeux d'Aigle, l'air d'un Lutin ;
Mais votre efprit jamais ne flambe :
Il eft fombre autant qu'un boudin.

HUITAIN.

Quand au lieu d'aller droit, l'on prend une traverse,
La Fortune s'irrite, & se fait un plaisir
Dans la nasse de nous tenir,
Toutes les fois qu'il pleut à verse.
N'attendons point qu'elle abbatte la herse :
Lorsqu'à nous elle vient s'offrir ;
En fait d'amour, comme en fait de commerce,
Au collet on la doit saisir.

QUATRAIN.

Vous ne craignez ni Dieu ni Diable ;
Vous formez les plus noirs desseins :
Je ne suis de rien responsable ;
Faites-vous Turc, Coster ; je m'en lave les mains.

DOUBLE SIXAIN.

C'est une chose bien étrange
Que l'Homme né pour le bonheur,
Au lieu de réverer les Loix du Créateur,
Aime à se veautrer dans la fange ;
Voltige d'erreur en erreur.
Avide de gloire & d'honneur,
De note il est rare qu'il change :
Tout ce qui sert à remuer le cœur
Est, selon lui, seul digne de louange.
Il faut que le Prédicateur
Vive comme un Apôtre, & parle comme un Ange,
Lorsqu'à son devoir il le range.

QUATRAIN.

Quelquefois un breuvage amer
Empêche que la mort au tombeau ne nous traîne.
A la playe appliquons le fer,
Plutôt que de souffrir qu'y vienne la gangrene.

SIXAIN.

La Piété faute d'apui
Est prête à tomber en ruïne :

LA CLINCAILLE
Notre zéle est dans un étui.
Pour honorer la Majesté-Divine,
L'encens que l'on brûle aujourd'hui,
N'est rien que de la poix-résine.

QUATRAIN.

Par un motif de charité
Mettre à part tous les mois une petite somme,
Ce n'est point s'expoſer à la mendicité :
Donner pour Dieu n'apauvrit homme.

HUITAIN.

Les plus méchans ſont les Hérauts
Qui précedent la Renommée :
On trouve, lorſqu'on va de contrée en contrée,
Moins de Pigeons que de Gerfauts ;
Plus de Renards que de Lévrauts :
Même ſur la Vertu la Malice est entée.
On voit régner tous les défauts
Qu'examine St. Paul, parlant (*) à Timothée.

SIXAIN.

Meſſire George Baleſdens ;
Fermés votre Parc de murailles :
Si vous allez à travers champs,
Vous rencontrerez des brouſſailles
Toutes pleines de Chiens courans,
Qui déchireront vos Oüailles.

QUATRAIN.

Avec humilité ſervons le Roi des Rois :
Aimons-le de toute notre ame.
L'Etre unique, vrai Dieu qu'on ſubdiviſe en trois,
Ne veut qu'un culte ſimple, & des cœurs tout de flamme.

(*) *Seconde Epitre ch.* III. *verſ.* 1, 2, 3, 4 &c.

DOUBLE SIXAIN.

Pour faire un bel Ouvrage, on doit bien l'ébaucher.
Gardons-nous de bâtir auprès d'un précipice.
Si notre Muse a la jauniſſe,
Ne la faiſons pas trop marcher.
Avant le jugement (*) aquerons la juſtice :
Devenons Orateur avant que de prêcher.
Ne vouloir pas ſe corriger,
Cela ne peut venir que d'un fonds de malice.
Des plaiſirs criminels il faut ſe détacher,
Avant que notre corps, Fourmont, s'appeſantiſſe.
Que chacun quand il peut pécher,
Faſſe divorce avec le vice.

QUATRAIN.

Si vous ſavez compoſer des Sermons,
Faites-en ; mais ſongés, Béroſe,
Que pour les rendre beaux & bons
Vous ne devez faire autre choſe.

HUITAIN.

Ne nous mettons pas en courroux
Contre les perſonnes iniques :
Soyons ſages avec les fous ;
Polis avec les gens ruſtiques.
Les préceptes évangeliques
Ne reſpirant rien que de doux,
Uſons de douceur envers tous ;
Même à l'égard des Hérétiques.

SIXAIN.

Celui qui n'a du Ciel aucune notion,
Marche ici-bas comme une crabe.
Des Livres conſacrés à la Dévotion,

(*) *Eccléſiaſtique ch.* XVIII. *verſets* 19 & 21.

LA CLINCAILLE
Ne perdons point une syllabe.
Respectons la Religion
Chez le Juif, l'Abiffin, le Chinois & l'Arabe.

QUATRAIN.

Afin que votre esprit puisse en chaire briller,
Vous faites un amas des meilleurs Sermonaires :
Mais afin de pouvoir finement les piller,
Syropule, avez-vous les talens nécessaires ?

DIXAIN.

Tout Prêtre appellé par le sort
A reformer les mœurs d'un célébre Auditoire,
S'il veut mettre un Trophée au Temple de Mémoire,
Doit sur la Morale être fort ;
Faire jouer plus d'un ressort,
Et posséder l'art oratoire.
Sans cela nous voyons qu'il fait naufrage au port :
Il auroit beau dépeindre & la vie & la mort ;
L'Enfer avec son feu, le Ciel avec sa gloire,
On bâille, on ferme l'œil ; on s'assoupit, on dort.

QUATRAIN.

Dès qu'une chose nous chagrine,
Nous nous en prenons au destin :
Si nous allions à l'origine,
Nous verrions que le mal loge dans notre sein.

HUITAIN.

Quand je m'endors sur ma paillasse,
Et que l'on me vient réveiller ;
Après avoir fait la grimace,
Je suis aussi bruyant que l'Oiseau qui croasse,
Plus terrible qu'un Loup cervier.
Prenés bien garde à vous, Didace ;
Ceux qui m'ont jetté dans la nasse
Je les plonge dans le bourbier.

QUATRAIN.

Vous n'avez de perfonne été l'ame damnée :
Vous n'êtes point, Viridovix,
Un fcélérat, un Capanée ;
Mais un mangeur de Crucifix.

SIXAIN.

Des Hommes vous êtes la perle ;
Vous gazouillez comme un Chardonneret,
Et vous fiflez plus fort qu'un Merle.
Voilà de beaux talens ; mais adieu, Jouvenet:
Lorfque la Mer mugit, on ferle
La voile du grand mât, & celle de trinquet.

QUATRAIN.

Quel eft le mal d'Afclépiade ?
Il mange & boit ; tracaffe & dort :
Je ne croirai, Thimbron, qu'il ait été malade,
Que quand je faurai qu'il eft mort.

SIXAIN.

Poquelin, dont la plume en traits charmans abonde,
Nous a dépeint de fens raffis
Et le devoir du Sexe & celui des Maris :
Le Noble qui favoit auffi jetter la fonde,
A fait des entretiens fur l'ufage du Monde
Qui ne font pas de moindre prix.

HUITAIN.

A tort vous vous plaignés, Ambroife :
Je ne vous ai traité qu'avec trop de douceur.
Quoi ? n'êtes-vous pas l'agreffeur ?
Ne m'avez-vous pas cherché noife ?
Ne m'arrachât-on qu'un cheveu,
Mes dents font plus de bruit que dix verres qu'on rinfe:
J'égratigne lorfqu'on me pince ;
Nous fommes donc à deux de jeu.

QUATRAIN.

Il eſt vrai, Molon, que les Parques
Vous ont filé des jours ſereins :
Pour naviger vous avez pluſieurs barques ;
Tenés toujours la rame des deux mains.

SIXAIN.

N'être point curieux de ce que font les autres ;
Park, ne ſe mêler point des affaires des Grands ;
Examiner à fond les nôtres ;
N'écouter pas les Médiſans ;
Sans oſtentation mortifier nos ſens,
C'eſt ſuivre le chemin qu'ont tenu les Apôtres.

HUITAIN.

Voilà qui s'appelle parler !
Cette morale eſt des meilleures :
Jamais les Cours Supérieures
N'ont ſû par le diſcours ſi bien ſe ſignaler.
Mais puiſqu'il le faut déceler,
Vous prenez quelquefois pour des fraiſes des meures ;
Et je vois, ſans vouloir pourtant vous quereller,
Que vous cherchez midi, Sébonde, à quatorze heures.

QUATRAIN.

Vous avez des talens que l'on n'a guère vûs.
Quand Mars fait des feſtins, vous rangez les ſerviettes :
Vous rincez, Godelbert, les verres chez Bacchus :
Chez Apollon vous lavez les aſſiettes.

DIXAIN.

Comme je ſuis Homme ſans fard,
Je ne veux point juger de l'arbre par l'écorce :
Cependant je parie un Louis contre un liard
Que l'on verra tomber Boiſſard

Dans

Dans les filets de Bonecorſe.
Votre argent court un grand hazard ;
Serrés votre bourſe, Eginard :
Ne ſouffriés point que l'erreur vous amorce.
Un Ours eſt plus fort qu'un Renard ;
Mais l'eſprit vaut mieux que la force.

QUATRAIN.

Aujourd'hui nous voyons que la plûpart des gens
Avec les bois taillis confondent les vignobles :
Que de francs idiots penſent être ſavans ;
Qu'un tas de Roturiers veulent paſſer pour nobles.

SIXAIN.

Le plaiſir des Vieillards eſt de moraliſer :
Tous les petits enfans ſe plaiſent au déſordre.
Les Chiens hargneux aiment à mordre,
Les Greffiers à verbaliſer,
Les Docteurs à dogmatiſer,
Les Cordiers à tordre & retordre.

QUATRAIN.

Courir après l'himen avec des cheveux blancs,
Teucer, c'eſt un écart que j'appelle marotte.
Et moi je vous maintiens qu'une Fille à trente ans,
Lorſqu'elle eſt fiere, eſt une ſotte.

DOUBLE-SIXAIN.

Raturer trop ce qu'on écrit,
C'eſt une mauvaiſe maniere :
Plus on lime les Vers plus on les affoiblit.
Pour rétablir votre crédit
Que ne mettez-vous en lumiere,
Reginon, ce gros Manuſcrit
Que votre plume a fait dans le goût de Liniere ?
Il ne faut pas que notre eſprit
Se donne librement carriere ;
Le beau, c'eſt d'imiter le cours d'une riviere
Qui ne ſortant point de ſon lit,
Fait préſent à la Mer d'une eau vive & bien claire.

HUITAIN.

La peste soit du margajat.
Vous, Poëte! Avez-vous les lévres assez fraîches,
Pour oser prononcer un mot si délicat?
Je voudrois qu'en triplant son balai de flamméches,
Par devant, par derriere Alecto vous foüettât,
Et qu'ensuite Apollon, Cl tarque, à coups de fléches
De son Empire vous chassât,
Comme un Esprit des plus revêches.

QUATRAIN.

Ne refuser rien à ses sens;
Faire tout à sa tête; être prompt à reprendre;
Emprunter & ne jamais rendre,
C'est le vice de bien des Gens.

SIXAIN.

Vous faites honneur à la Robe;
Votre Noblesse est marquée au bon coin:
D'en montrer la splendeur vous n'avez pas besoin;
Pour Armes vous avez un Soleil sur un glôbe:
Mais quant à vos vertus, Macrobe,
Elles ne valent pas une botte de foin.

FESTON.

Celle qui prend l'essor au son de la trompette,
A publié par-tout que c'étoit en ce jour,
Flore, qu'on célébroit la fête
D'une Nymphe de votre Cour;
Fille de mérite bien faite,
Dont les yeux noirs à fleur de tête,
Jettent un feu plus vif que celui de l'Amour.
En grace je vous le demande;
Laissés-moi promener sur votre plate-bande:
Et pour couronner les appas
De cette Nereïde, Eléve de Pallas,
Faire de vos iris une grosse guirlande.

HUITAIN.

Quoiqu'il ait de la poudre affez pour fon moufquet,
Nimrod ne jette point l'argent par les fenêtres :
Cet homme toutefois hante le cabaret ;
Il fait à cet égard honneur à fes Ancêtres.
S'il ignore les Belles - Lettres ,
Son favoir brille au lanfquenet ;
Et quand il joue au bilboquet ,
Il égale les plus grands Maîtres.

SIXAIN.

Souffrés qu'un Faifeur d'almanach
Contre vous fe hazarde à brifer une lance :
Toujours barbouillé de tabac ,
Vous ne jugez jamais , Fulgence ,
Que fur l'étiquette du fac ;
De fou Juge brieve fentence.

DIXAIN.

Bien que je puiffe feul me battre contre tous,
(C'eft la vérité toute nue)
De mon repos je fuis jaloux :
Ma façon d'agir eft connue ;
Plutôt que de m'aigrir , j'aime mieux filer doux.
Pourquoi donc m'accufer de vous avoir en vue ?
Certainement vous avez la berlue :
Ne provoqués pas mon courroux ;
Je veux que l'on me berne , Acafte , en pleine rue ,
Si j'ai voulu parler de vous.

SIXAIN.

Je le vois , Capella ; vous êtes fort novice
En fait de fenfualité :
L'orgueil n'eft non plus votre vice.
Mais le manque de charité ,
(Défaut qui part toujours d'un grand fonds d'avarice)
Change en laideur votre beauté.

HUITAIN.

Aux petites Maisons vous avez une loge :
C'est m'injurier, Langeli,
De m'égaler à Mondori.
Ai-je donc l'air d'un Allobroge ?
Croyez-vous que je sois un Jaquemart d'horloge ?
Pour moi qui suis d'aise ravi
De pouvoir faire votre éloge,
Je vous compare à d'Assouci.

SIXAIN.

Vous avez hérité, Le Moine,
De l'ancienne valeur des Rois de Macédoine.
On voit sur votre casque une crête de Coq :
Par terre vous jettez les gens au premier choc.
Vous avez le cœur dur comme une Chalcédoine ;
L'esprit aussi tortu qu'un tronc de Manioc.

QUATRAIN.

Je ne mets point le talc au rang des pierres fines :
Le mariage est épineux.
Je veux pourtant un jour marcher sur les épines,
Disoit à Meroflede Orsippe déja vieux.

BILLET DOUX,
Sur un gâteau des Rois.

Charmante Polixéne,
La féve ci-jointe fait foi
Que d'un joli Domaine
Le sort vient de me faire Roi :
Partagés-la, je vous prie, avec moi ;
Permettez que j'aspire à vous avoir pour Reine.

CAPRICE.

Comme hier pour Cithére, Ino, j'allois partir,
L'Amour poussé par une vague,

S'en vint en terre-ferme un peu fe divertir :
Et comme Cupidon quelquefois extravague,
  Il me commanda de venir,
Belle Brune, aujourd'hui de fa part vous offrir
Dans une tabatiere une petite bague,
N'ayant point de tabac pour pouvoir la remplir.
Afin que mon fommeil foit fuivi d'un beau réve,
Ayés en gré mon offre, & daignés confentir,
  Qu'avant que mon régne s'achéve,
Je dife (mais fi haut que tous puiffent l'ouïr)
  Que je fuis un Roi de la féve,
  Toujours prêt à vous obéïr.

BOUQUET.

Puifqu'il faut célébrer la fête d'Alcyone,
  En habit galant ce matin
  J'ai parcouru chaque jardin :
 Je cherchois l'Œillet, l'Anémone,
  La Rénoncule & le Jafmin,
  Pour les tranfplanter fur le fein
  De cette jolie Amazone,
  Au teint vif, à l'œil affaffin.
Mais voguant vers Cithére, on trouve plus d'un fyrte :
 Au lieu des fleurs que je voulois cueillir,
  Thisbé, je ne puis vous offrir
Que deux boutons de rofe avec un brin de myrthe.

QUATRAIN.

  De mes fredaines vous riez :
  Vous êtes un plaifant Apôtre,
Vous Harpocration, qui jamais ne joignés
  Un bout de l'année avec l'autre.

HUITAIN.

  Ce n'eft point vous donner à dos
De dire que la tête, en compofant, vous tourne.
  Puifque vous enfournez les mots,
  Comme un Mitron les pains enfourne,
Vous feriez bien d'aller commercer à Ligourne,

LA CLINCAILLE
Et de là chez les Hotentots :
Par devant ces derniers vous mérités, Népos,
Que le Parnasse vous ajourne.

QUATRAIN.

Diogéne Laërce est un grand Ecrivain ;
Je n'en dis pas moins de Plutarque :
L'un & l'autre ont écrit sur des tables d'airain ;
C'est par eux qu'on connoît plusieurs hommes de marque.

DOUBLE-SIXAIN.

Tournemine, agréés mon petit compliment
Sur la pesante tabatiere,
Dont un Prince du Nord, de vertu singuliere,
A daigné vous faire présent,
A la réception d'un Ouvrage important,
Que vous avez tiré de votre pépiniere.
Avec vous je m'en réjouis,
Et de tout mon cœur je souhaite
Que le premier discours concis,
Qui partira de votre tête,
Vous fasse emporter l'un des prix
Qu'au Mérite Apollon distribue à Paris.

QUATRAIN.

Vous ne déployés pas, Godefcalque, vos voiles,
Pour aller au Pérou chercher quelque trésor :
Vous ne rendés non plus aucun culte aux étoiles ;
Mais vous adorés le Veau d'or.

HUITAIN.

Voici bien de la tablature :
Vous cherchés à me supplanter,
Et moi jusque chez vous je viens vous affronter.
Observons mieux tous deux les Loix de la Nature ;
Dans notre entêtement cessons de persister :
J'ai toujours entendu conter
Que fin contre fin, Albertdure,
N'est pas bon à faire doublure.

SIXAIN.

Sachés, Francisque du Fresny,
Qu'on trouveroit plutôt sur un œuf plusieurs bosses,
Que de trouver une Lady
Qui bonne encore à toutes sausses,
Ne veut point pour l'amour de son défunt Mari
Convoler en secondes noces.

DIXAIN.

Vous croyés être, Celderon,
Le plus fort arc-boutant du Palais d'Apollon;
Avoir le cerveau diaphane :
En sagesse égaler Caton,
En vertus le Fils de Mandane,
En éloquence Cicéron.
Bien loin d'être un Apollophane,
Vous n'êtes qu'un franc Harpagon,
Aussi fourbe, aussi fanfaron
Qu'Apollonius de Thyane.

QUATRAIN.

A votre Pégase, Ammien,
Ne donnés qu'un peu de mangeaille;
Cheval de foin, cheval de rien;
Cheval de paille, de bataille.

DOUBLE-SIXAIN.

C'est avoir le goût dépravé,
Etre moins lettré qu'un Hermite
De croire que Ticho-Brahé
Vaut mille fois mieux qu'Héraclite.
Tout bellement sur le pavé;
Polihistor, ne courés pas si vîte :
Soyés un peu plus reservé.
Vous prenés un caillou pour une marcassite,
Un grain de mélilot pour un de sénevé.
Faites-vous donc Frere Servite ;
Allés-vous-en dire un Salvé,
Afin que bouille la marmite.

QUATRAIN.

Vouloir détromper les Savans,
Lorsque l'Erreur vient les surprendre;
Cela s'appelle vouloir prendre,
Dobson, la Lune avec les dents.

HUITAIN.

Je me garderai bien, Cinyre,
De faire imprimer ma satyre :
Non, je ne suis point assez tou
Pour rompre l'anguille au genou ;
Le Public créveroit de rire.
Laissons à l'affut le Matou,
Et la Belette dans son trou :
De deux maux évitons le pire.

SIXAIN.

Ne vous élévez point jusqu'au plus haut des airs ;
Vous n'êtes pas une Aloüette :
Cessez, Timagoras, de comparer vos Vers,
A ceux du célébre Evergete.
Il part de son cerveau des millions d'éclairs ;
Du vôtre il n'est sorti qu'une simple bluette.

QUATRAIN.

Déce, avant que ton corps créve par le milieu,
Fais diéte ; use d'abstinence :
Et tandis-que tu peux encore offenser Dieu,
Manifeste ta pénitence.

SIXAIN.

Aux Chevaux qui foulent le grain,
Ne mettons point de muselieres.
Celui-là qui bâtit (*) aux dépens du Prochain,

Et

―――――――――

(*) *Ecclésiastique*, ch. XXI. verset 9.

Et qui du bois d'autrui fait bouillir ses chaudieres,
Se plonge comme un fou le poignard dans le sein :
Pour son sépulcre il assemble des pierres.

HUITAIN.

Puisqu'il faut qu'à présent j'aiguise mon crayon,
    Pour vous peindre en noir, Berenice ;
Je dis que vous avez les yeux d'une écrevisse,
    En forme de croc le menton,
Le nez plus plat & court que n'est la moindre éclisse.
Quand vous ouvrés la bouche, on voit un précipice
    D'où s'éléve une exhalaison,
Qui ne sent ni betel, ni menthe ni mélisse.

DIXAIN.

Sur la téte de Plas l'argent jamais ne pleut ;
Il savoure pourtant les plaisirs de la vie :
    Rien ne le trouble & ne l'émeut ;
    A personne il ne porte envie.
On doit se marier ; mais le plus tard qu'on peut,
    Disoit-il l'autre jour dans une Coterie :
Cela vous fait honneur, lui repliqua Fulvie ;
      Vous connoissez vos intérêts ;
      Prenez Gertrude, & vous serez,
    Plas, de la grande Confrairie.

SIXAIN.

Sans doute un jour d'orage, Emma,
    Amphitrite vous enfanta :
    Ne faites pas tant la sucrée ;
    Vous n'êtes qu'une mijaurée,
    Qu'une perfide Dalila,
    Qu'une Méduse échevelée.

QUATRAIN.

Berthold, pour avoir trop d'esprit,
    Est une tête de Linotte :
Bruno, dont la barbe blanchit,
    A force de bon sens radote.

SIXAIN.

Vous m'avez refusé, Didon,
Comme un homme à roupille, ou plutôt à roupie ;
Je crois que vous avez raison :
Quand la rose est épanouïe,
Il ne faut pas que le chardon
Pense à lui faire compagnie.

HUITAIN.

Lorsqu'on mettra Bertulphe au nombre des Savans,
On entendra siffler les ânes ;
Rome sera sans Courtisanes,
Et Versailles sans Courtisans.
Quoique Brauver n'ait peint que de vils Paysans,
On le met au rang des Albanes.
Deux Ouvrages intéressans,
Ce sont l'Esprit des Loix, & les Lettres Persanes.

DIXAIN.

Votre savoir n'a point de prix :
Autant que Saumaise & Ménage
Vous avez, Virsus, de l'aquis.
Mais renversons l'échafaudage ;
Savez-vous faire un bon usage
De tous ces talens réunis ?
Etes-vous un autre Denis,
Un Thucydide, un Christierne,
Un Phocion, un Plaute, un Thomas à Kempis
Dans l'Aréopage moderne ?

QUATRAIN.

Si dans votre cerveau tout est confusion,
Votre plume est d'autant plus claire :
J'admire votre diction ;
Vous écrivés, Cigale, en style de Notaire.

SIXAIN.

Fussiez-vous le plus fort de tous les Fierabras,
Je puis, lorsque ma bouche écume,

En foufflant vous jetter à bas ;
Vous écrafer comme un légume :
Ainfi, Fazel, ne croyés pas
Par le bec me paffer la plume.

DIXAIN.

Je vous prie, à quoi bon faire le fuffifant ?
Vous égaler à Thémiftocle ?
Loin d'être un Lion rugiffant,
Vous valés moins qu'un ver luifant ;
A peine voyés-vous au travers d'un binocle.
Dans la claffe où brilloit Sophocle,
Thouvenin, votre Efprit pefant
Eft fur un piedeftal fans focle :
Apollon n'a voulu vous donner en préfent
Que l'extérieur d'Empédocle.

LE CHAT ET LA FOURMI,

Fable allégorique.

Au coin d'un galetas qui fentoit le moifi,
Un Chat noir fur de vieilles nattes
Triftement étoit accroupi ;
Quand tout à coup une Fourmi
Vint fe placer entre fes pattes,
Et le mordit fi fort qu'il en fut étourdi.
Réfolu d'en tirer vengeance,
Le Chat fit d'abord un grand cri ;
Mais à l'afpect d'un Ennemi
De fi petite corpulence,
Soit par pitié, foit par prudence
Ce même Chat prit le parti
Et de battre en retraite, & d'ufer de clémence.
Je veux bien fans rompre une lance,
Enfevelir les chofes dans l'oubli :
Je lui pardonne cette offenfe ;
Je fuis, dit-il, entierement guéri.

SIXAIN.

Il me prend quelquefois des quintes singulieres :
Tantôt je crie au feu, tantôt c'est au voleur.
Pour quatre ou cinq maisons qui puissent faire honneur,
Le Parnasse a deux cens chaumieres.
Les Muses sont des grimacieres ;
Apollon n'est qu'un bâteleur.

HUITAIN.

On ne peut trop, Maslieu, célébrer vos louanges ;
Vous aimez la retraite & le recueillement :
Des jeunes Phrynés vertement
Vous frondez les discours étranges ;
Et ne pouvant souffrir un sot ajustement,
Des vieilles Magdelons vous froissez les fontanges.
Le beau Sexe, en recriminant,
Appelle cela rire aux Anges.

QUATRAIN.

Vous comptiez, Celmis, de donner
A Scylax du fil à retordre ;
Mais à votre hameçon il n'a point daigné mordre ;
Il ne cherche qu'à vous berner.

SIXAIN.

Sostrate, contre vous depuis long-tems j'escrime,
Parce que votre plume à cela me reduit.
Vous savez ce qu'il vous en cuit,
Pour avoir à mes Vers donné des coups de lime :
Je vous ai critiqué ; vous avez fait du bruit :
Un abîme toujours appelle un autre abîme.

HUITAIN.

Que nous soyions au tems des fleurs ou des frimas,
Nous sommes exposés à d'horribles tempêtes ;
La foudre éclatte sur nos têtes ;
La Mort en allongeant le bras,

Nous accroche avec ses pincettes.
Le cercueil s'ouvre sous nos pas ;
Les uns pour être un peu trop gras,
D'autres pour être secs, comme des allumettes.

SIXAIN.

Tel que les Camus, les Bignons,
La plume à la main, Clitodéme,
Vous imitez les tourbillons ;
Vous entassez théme sur théme.
Aprenés que les champignons
Viennent vîte & s'en vont de même.

QUATRAIN.

Le Livre qui paroît est beau :
Il jette autant de feu qu'aucune Pierre fine ;
Mais aussi-tôt qu'on l'examine,
Ce n'est plus que de l'oripeau.

HUITAIN.

Quand je parle de ses dépenses,
Et de sauver les apparences,
Comme s'il étoit prêt à me ronger le cœur,
Buister fait le pot à deux anses ;
Il me répond avec aigreur.
Cet Homme est un marane, un rustre, un ravaudeur:
C'est le Chien de Jean de Nivelle,
Il s'enfuit si-tôt qu'on l'appelle.

QUATRAIN.

Lorsque l'on est riche & prudent,
On peut changer les fleurs de l'Aubépine en roses :
Avec la sagesse & l'argent
On vient à bout de toutes choses.

SIXAIN.

Bon droit a besoin d'aide : ah que j'aime cela !
C'est un dicton qui vaut ceux de l'ancienne Gréce :

Mettons-le fur notre agenda.
Si nous évitons la pareſſe,
D'Enhaut le fecours nous viendra :
Aidons-nous; Dieu nous aidera.

DIXAIN.

La morale que je vous prêche,
Dites-vous, n'eſt pas de faiſon :
Pour moi, je dis que ſi je péche,
Ce n'eſt point contre la raiſon.
Auſſi je vas souffler la méche ;
Et pour ne pas finir d'une maniere ſéche,
(Après avoir mélé, Memnon,
La farine avec le gros ſon)
Attacher Pégaſe à la créche :
A force de trotter il m'a mis hors d'arçon.

SIXAIN.

Excepté Paſcal, vrai Coloſſe
Parmi les Hommes pénétrans ;
Et Baratier qui fut mis dans la foſſe
A l'âge d'environ vingt ans,
Les enfans d'un eſprit précoce
Sont toujours des demi-Savans.

QUATRAIN.

Pourquoi ſonner du cor, comme dans une émeute,
Pour forcer un Chevreuil tout pelé ſur le dos ?
Faire courir toute une meute,
C'eſt trop de Chiens après un os.

SIXAIN.

Dans ce Collége vénérable,
Où le Sort aveugle vous mit,
Que faites-vous de mémorable ?
J'approuve ce qu'un autre dit ;
Après quoi je ſeme du ſable
Sur les articles qu'on écrit.

HUITAIN.

Lorsque vous avez, Onésime,
Devant les Graces déclaré
Que votre Muse est en estime,
Pour avoir un style sublime,
Et les cheveux d'un blond doré ;
On ne vous a point pris pour un évaporé :
Vous n'avez pas commis un crime ;
Vous avez menti bien ferré.

QUATRAIN.

Peste, que vous êtes belle !
Pour mouches, Thalestris, vous avez des poireaux ;
La main large comme une écuelle ;
Les doigts plus longs que des fuseaux.

SIXAIN.

Gardés pour vous vos bignets & vos gauffres :
Astianax, il est certain
Que vous promettez plus de beurre que de pain ;
Je n'ai pas besoin de vos offres :
J'ai de Louis mon gousset plein,
Et quelques hardes dans mes coffres.

QUATRAIN.

Gongora, si vous désirés
N'avoir jamais besoin des drogues d'Esculape,
Mangés pour vivre ; & vous vivrés
Autant qu'Urbain VIII, très-grand Pape.

DIXAIN.

L'Auteur Chrétien judaïsant
Fait une trop belle figure
Au milieu du Cercle savant,
Pour n'être pas connu de la Race future.
Isâc Onis n'est point un Rabbin en peinture :
Sans marcher à pas de Géant

LA CLINCAILLE
Dans le païs de la Littérature,
Il inftruit ; il eft amufant :
Plus chargé d'or que de clinquant,
Il doit peu de chofe à Voiture.

SIXAIN.

Au fortir de chez moi je trouve en mon chemin
Des Gens contre lefquels ma raifon fe revolte :
Comme un cheval alors je fais la virevolte.
Tel plante un cep dans fon jardin,
Qui ne tâte pas du raifin ;
Le femeur ne doit point compter fur la récolte.

QUATRAIN.

De tous les talens, Coëffeteau,
Que nous donne l'Etre-Suprême,
Le plus utile & le plus beau
Eft celui de favoir fe poffeder foi-même.

HUITAIN.

Mufonius pour charmer fes ennuis,
Ne parle que de trains & de chaffes bruyantes :
Occupé du tracas des affaires préfentes,
Il paffe les jours & les nuits
A farcir fon cerveau de chimères brillantes.
Ne l'en reprenons point : différemment inftruits
Nous avons des mœurs différentes ;
L'un cultive des fleurs, l'autre amaffe des fruits

QUATRAIN.

Philiftion, vous êtes jeune ;
Ecoutez-moi, car je fuis vieux :
On dîne mal, quand on déjeune ;
On écrit bien, lorfqu'on eft ftudieux.

SIXAIN.

Ne jamais fortir de fa fphere ;
N'avoir rien à fe reprocher ;

Dan-

Dans son domestique se plaire ;
Des faux Amis se détacher ;
Sans haine toujours se coucher,
C'est ce qu'il faut tâcher de faire.

HUITAIN.

Vous, aussi noble que Scaurus !
Brillez-vous par le fruit de votre hardiesse ?
Libéralis, avez-vous les vertus
Qui dérivent de la Noblesse ?
Outre Ceux dont les noms se terminent en us,
Connoissez-vous les Savans de la Grèce ?
Vous savez dire ocus-bocus ;
Mener des Lévriers en lesse.

SIXAIN.

Il n'est nul animal si peu considéré,
Qui lorsqu'on l'attaque ne morde :
Nul fourbe qui ne soit de remords dévoré ;
Point de Pédant qui le savoir ne torde ;
Point de Poëtereau qui n'ait l'air obéré ;
Aucun dissipateur qui ne file sa corde.

QUATRAIN.

Pour donner quelque lustre à ce Salmigondis,
Avant que de tourner le Sable,
Vous aurez encore une Fable ;
C'est par là que je le finis.

LE SAUMON

ET LES PETITS BROCHETS.

Un jour d'Automne & de bonace
Le plus long, le plus gros, le plus gras des Saumons
Ayant été pris dans la nasse
Avec certains jeunes Poissons,
Que l'on appelle Brochetons ;
Espéroit obtenir sa grace
Aux dépens de ses Compagnons.

LA CLINCAILLE

Mais c'étoit compter fans fon hôte :
Le Pêcheur en tirant fes filets de rofeaux,
Admira le Saumon, l'enferma dans fa hotte ;
Et jetta le fretin dans les prochains ruiffeaux.

QUATRAIN.

Plus les événemens deviennent favorables,
Plus la raifon s'enorgueillit :
Lorfque la Fortune nous rit,
Nous méprifons les Miférables.

LA CAPILOTADE.

HUITAIN.

Tout exactement supputé,
Vous êtes une maigre échine.
Monsieur le Poëte crotté,
Pour faire aller votre cuisine
Devenés Colporteur : vendés de la farine ;
Votre ventre prendra de la rotondité ;
Vous jouirez de la santé :
Argent comptant, Flinck, porte médecine.

QUATRAIN.

Vous n'êtes ni chair, ni poisson :
Vous êtes donc hermaphrodite ;
Un Acouti sur l'Hélicon,
Chez Galathée une Bonite.

SIXAIN.

Votre Pere étant un goujat
Qui d'ail frottoit son pain dans sa petite bouge ;
Votre Mere une franche gouge
Qui s'écrimoit comme un Soldat,
Je ne suis point surpris que vous soyez, Blandrat,
Aussi méchant qu'un âne rouge.

DOUBLE HUITAIN.

Vous voila pour le moins avec un pied de nez !
Comme la Mort vous êtes pâle :
Après avoir a plein perdu votre procès,
D'Apollon venez-vous de balayer la salle ?

LA CLINCAILLE

Vous deviez vous attendre à ce mauvais fuccès :
La Muse que vous encensés,
Tient boutique au bout d'une halle.
Au lieu de vendre des rougets,
Des ris de Veau, de bons pâtés,
Sur un vieux banc elle n'étale
Que des grâillons moisis, & des harangs faurets.
Votre esprit est des plus bornés ;
Votre Pégase un triste Bucephale.
Vous n'avez jamais fait, Bupale,
Vous ne faites, ni ne ferez
Que des discours contraints, & des Vers mal tournés.

SIXAIN.

Le laurier dans le feu petille ;
La balle qu'on pousse bondit :
La Carpe hors de l'eau frétille.
Bombasius, en se levant du lit,
Consulte son miroir ; s'habille ;
Sort ; parle politique, & ne sait ce qu'il dit.

QUATRAIN.

Quand fixement je vous regarde,
Je vois que vous êtes, Quillet,
Chez Momus un terrible Barde ;
Un pauvre diable au cabinet.

HUITAIN.

Vous dites que chacun est maître en sa cabane ;
Que comme un roc le siécle est dur ;
Qu'on ne peut sans bâiller lire un Auteur obscur ;
S'il n'a soif, faire boire un âne :
J'en suis d'accord ; rien n'est si sûr.
Il n'est pas moins certain, Arsane,
Qu'on tireroit plutôt de l'huile d'un vieux mûr
Qu'un gros de jugement du creux de votre crâne.

SIXAIN.

Chez Apollon jadis, Valbruc,
Vous aviez l'air d'un Archiduc ;

Vous faisiés de bonnes récoltes :
Mais beaucoup plus pesant que l'Oiseau de Saint Luc,
Vous êtes un peu trop caduc
Pour faire aller Pégase encore sur les voltes.

DIXAIN.

Avec votre nez gris de lin
Croyez-vous être un Raymond Lulle ?
Vous n'êtes qu'un vrai baladin,
Qu'un misérable funanbule.
N'allez point me dire qu'Hercule
Avoit tout comme moi les yeux d'un bleu turquin ;
Que j'écris en françois, beaucoup mieux qu'en latin
N'écrivit autrefois Catulle :
Ce ne sera pas vous, Bellin,
Qui me dorerez la pilule.

DOUBLE-HUITAIN.

A vingt ans vous étiez un maître-Aliboron,
Aussi jovial que Scarron ;
Mais à présent vous êtes hors d'escrime :
Vous avez besoin d'éperon.
Malapert, votre esprit sublime
Avoit gravi jusqu'à la cime
Du Parnasse & de l'Hélicon.
De votre orgueil vous êtes la victime :
Aux petits galopins vous servez de plastron ;
On siffle votre prose, ainsi que votre rime :
Vous n'êtes plus qu'un forgeron ;
Votre lyre est changée en lime.
Les Reines du sacré Vallon
D'un consentement unanime
Sur le théatre d'Apollon
Vous ont pris pour leur pantomime.

SIXAIN.

Votre esprit, Rhadamiste, est assès agissant ;
Vos vertus ne sont pas communes ;
Vous n'êtes ni flateur, ni vain, ni médisant ;
Vous savez remplir les lacunes.
On ne vous prendra point pour un extravagant ;
Mais peut-être on dira que vous avez des lunes.

QUATRAIN.

Oui, je le jure par le Styx,
Vos curiosités ne sont que des breloques ;
Tout votre cabinet, Patrix,
Ne vaut point cinquante baïoques.

DIXAIN.

A vous le dire franc & net,
Vous avés l'air d'un Perroquet :
Votre nez, Epicarme, est en forme de digue ;
Dans vos sourcils je trouve une forêt ;
Tout autour ce n'est qu'un guéret.
Quoi ! ne savés-vous pas, Dom Guigue
Que Saturne, envers nous de ses faveurs prodigue,
Ride nos fronts comme il lui plaît ?
Sachés que l'Homme est semblable à la figue :
Plus il meurit, meilleur il est.

SIXAIN.

Lorsque fulmine votre femme,
Gardés-vous bien de faire le brutal :
Ne vous amusés point à lui chanter sa gamme ;
Allés-vous-en plutôt prêcher au Sénégal.
Jamais (vous le savés, Spifame)
Coup de pied de Jument ne fit mal à Cheval.

DIXAIN.

La Renommée & son Escorte,
Pour publier ce que je fais,
Ont la voix extrémement forte.
Chès Minerve & chès Mars je suis un Ximenés ;
A mon avis on s'en rapporte.
Avec Momus je joue aux dez :
Ma veine n'est pas une eau morte.
Mais vous, mon pauvre Averroés,
A quelques pas de votre porte
On ne sait point si vous vivés.

SIXAIN.

Il faut de bonne grace au Destin se soumettre :
Sous nos pas vissions-nous mille piéges tendus,
Hazardons le paquet ; prenons l'Hymen pour Maître ;
Marchons sur les talons du Mari de Venus.
Quoiqu'ils méritent bien de l'être,
Les Hommes à-coup-sûr ne sont pas tous cocus.

QUATRAIN.

Vous courés en pourpoint, aussi-tôt qu'on s'attroupe,
Et cela pour savoir ce qu'on dit de nouveau :
Songés premierement à faire votre soupe ;
Toute Brebis qui bêle, Asaph, perd un morceau.

HUITAIN.

Suis-je un Ours ? votre Mere est-elle une Fouïne ?
Ah ! mon pauvre Fils Cameron,
Vous démentés votre origine.
C'est parler comme un Lestrigon,
Dit une Langue serpentine :
Ne savés-vous pas, Corbulon,
Que d'un Domitius & du sang d'Agrippine
Il ne peut naître qu'un Néron ?

DOUBLE-SIXAIN.

Le plumet que je porte est de Mars le panache :
De blessures, Cromer, j'ai le corps tout criblé.
Non, je ne suis pas un Bravache,
Moins encore un Ecervelé.
Personne, il est vrai, que je sache,
Ne s'est plus que vous signalé :
Au combat plusieurs fois, Carrache,
Nous avons vû que vous êtes entré
Avec l'épée & la rondache,
Et que votre Ennemi s'en est fort mal trouvé.
Vous êtes un Brave achevé,
Mais vous avez un coup de hache.

QUATRAIN.

J'aime les Femmes & le vin ;
C'est un défaut dont je me pare.
Le vôtre est honteux, Crémonin :
Vous avés de l'orgueil, & vous êtes avare.

SIXAIN.

Par l'entremise d'Eraton
Souffrés que d'un Salmi bien salé je vous serve :
Héro, lorsque je vous observe,
Loin de voir en vous un pigeon,
Ou l'oiseau type de Junon,
Je ne vois que celui qui désigne Minerve.

HUITAIN.

Vous parlés méthodiquement :
Vous savés entonner les notes,
Chanter mélodieusement.
Vous ne vivés point de carottes ;
Vous avés pour dessert les meilleures compotes :
Votre corps mal bâti se roule sur l'argent.
Vous avés mis du foin, Borduni, dans vos bottes ;
Il ne vous manque plus qu'un peu de jugement.

QUATRAIN.

A quel propos cette harangue ?
Filés doux devant moi, Trublet ;
Si vous avés bien de la langue,
J'ai la tête près du bonnet.

SIXAIN.

Un navire à trois ponts vaut plus que dix chaloupes :
Le Peintre le meilleur, c'est Raphaël d'Urbin.
Quoique le Parnasse ait deux croupes,
On n'y va que par un chemin.
Des Méchans l'assemblée (*) est un amas d'étoupes :
Une étincelle en voit la fin.

DIXAIN.

(*) *Ecclésiastique*, ch. XXI. *verset* 10.

DIXAIN.

Birague eſt un Gymnoſophiſte,
Et Calepin un Quiétiſte.
Ce ne ſont pas des Loups-garoux :
Ils ne groſſiſſent point la liſte
Des Oiſeaux dont le chant eſt triſte,
Et qui ſe cachent dans des trous.
Birague & Calepin ne ſont pas des hiboux ;
Mais ſans leur faire injure, Egiſthe,
Pour peu qu'on les ſuive à la piſte,
On les peut mettre au rang des fous.

SIXAIN.

Le Richard Takiddin Sieur de Negrepeliſſe,
Crèvera comme un vieux mouſquet :
Il boit de l'eau par avarice ;
Pour la même raiſon ſe nourrit de broüet
Qu'il tâche d'épaiſſir avec du pain d'épice,
Fait quatre repas d'un poulet.

QUATRAIN.

Vous tremblés, lorſqu'il faut fournir à la dépenſe :
Aïés plutôt peur qu'un revers,
En diſperſant votre finance,
Ne vous faſſe tomber, Calliſtrate, à l'envers.

HUITAIN.

Vous entaſſés maille ſur maille :
D'un rien vous faites vos repas ;
Vous vivés comme la canaille.
Pour épargner vos matelas,
Tuby, vous couchés ſur la paille.
Quand vous aurés paſſé le pas,
Vos Héritiers feront gogaille :
Vous êtes maigre ; ils feront gras.

SIXAIN.

Parce que par hazard j'ai fait un beau diftique,
Vous défirés qu'en peu de mots
A faire votre éloge aujourd'hui je m'applique.
Aïés patience, Alamos:
En deux Vers je ferai votre panégyrique,
Lorfque vous aurés les yeux clos.

QUATRAIN.

Galanthis, cette brélandiere
Au cœur plus dur que le granit,
Eft une franche tracaffiere;
Veut parler, & n'a point d'efprit.

DIXAIN.

Vous m'avés dit des gentilleffes
Dont je fuis enthoufiafmé;
Mais dans vos champs il ne vient que des vefces:
Vos régals, c'eft du bœuf fumé.
Ce font feulement vos proueffes
Qui vous ont rendu renommé:
Venus vous a fait des careffes;
Junon ne vous a point aimé.
Tranchons le mot fur vos richeffes:
Philammon, fous vos pas l'argent eft clair-femé.

HUITAIN.

Telle Fillette à gorge blanche,
Au teint charmant, à l'œil fripon
Se moque d'un Amant grifon,
Qui voudroit l'avoir dans fa manche.
Telle Pie, au retour de la belle Saifon,
Pour béquetter le Haneton
Vifite les forêts, faute de branche en branche,
Qui n'attrape qu'un Moucheron.

QUATRAIN.

Pour pouvoir du Lycée à Paris être membre,
Il faut poffeder bien Reaumur, Vaugelas;
Les caracteres de la Chambre,
Et la Logique de Croufaz.

DIXAIN.

Lorsque sur mes écrits vous me chantés goguettes,
Vous menés plus du bruit qu'un maître Maréchal
Qui dans son atelier forge un fer de cheval,
Fabrique des mords à bossettes.
Aux foires du Parnasse au haut d'un piédestal
Vous débités des chansonnettes :
Vous vendés du fretin, des cuirs, du fil d'archal,
Des rasoirs & des savonnettes.
Vous n'êtes point capable, Aulettes,
De juger d'aucun Livre en bien tout comme en mal.

SIXAIN.

Si les Avares qui sont riches,
Prodiguent quelquefois leurs biens,
Les Vieillards qui donnent les miches,
Ne s'y mettent pas pour des riens.
Il n'est chasse que de vieux Chiens ;
Il n'est festin que de Gens chiches.

QUATRAIN.

Agricola, faute d'argent,
Vous n'avés point de baromètre ;
Mais faut-il d'Ennius expliquer un fragment,
Vous savés aider à la lettre.

DOUBLE-SIXAIN.

Pour un épi de Nard que le Siécle fournit,
Nous rencontrons au moins vingt plantes d'Aconit.
L'Absynte croît en Allemagne,
Comme dans la Grande-Bretagne.
Le Vice se soutient, la Vertu s'affoiblit :
L'Agripaume pullule, & le Sainfoin pourrit.
Le Peintre Mélicerte aussi bon que Champagne,
D'une année en six jours mange tout le profit.
Gilbert Marchand grossier, à mesure qu'il gagne,
Bien qu'il soit déja décrépit,
Achete des briques; bâtit,
Et fait des Châteaux en Espagne.

QUATRAIN.

Tous les fruits de ce Monde, Ayrault, sont aigre-doux;
On ne trouve que mal du Midi jusqu'à l'Ourse.
Qui nous doit nous demande: au plus larron la bourse;
Aux bonnes fêtes les bons coups.

SIXAIN.

Puisque Thémis m'a prêté ses balances,
Et que je suis en train de dire des sentences,
En voici trois qu'il est bon de peser.
L'Orgueilleux tombe, en voulant s'élever;
L'Homme enclin à l'envie est toujours dans des transes;
L'Avare se détruit à force d'amasser.

HUITAIN.

Serviteur à votre critique;
Vous avés l'esprit aux talons:
Vous ne discernés pas l'angle droit de l'oblique,
Les courges d'avec les melons,
Le Moderne d'avec l'Antique,
Les méchans Vers d'avec les bons;
Comment pourriés-vous voir, Tychique,
Si ma Muse s'avance, ou marche à reculons?

SIXAIN.

Il ne faut pas croire, Amynandre,
Que lorsque l'Esprit prend l'essor,
Il puisse aller si haut que vole une Calandre.
L'Homme, eût-il amassé de science un trésor,
A besoin de toujours apprendre:
Tout ce qui reluit n'est pas or.

HUITAIN.

Carpus, qui n'est qu'un Gentillâtre,
Parce qu'il sait par cœur la Cléde & Grimaret,
Pense que son mérite est aussi blanc qu'albâtre;
Croit être ce que fut Rosny sous Henri-Quatre;
A titre de Savant l'emporter sur Huët.
Ce Carpus plus sot qu'un mulet,
De sa naissance est idolâtre,
Comme un Docteur en droit est fier de son bonnet.

DIXAIN.

Ne me chicanés point, Tonſtal, ſur ma figure;
Il me convient de faire le gros dos :
J'ai l'air majeſtueux, une belle quarrure,
Et beaucoup de chair ſur les os.
Quant à l'intellect, je vous jure
Que je ne ſuis pas des plus ſots.
Oui, votre extérieur anonce, Pomponace,
Un diminutif de Héros :
Vous avés (pour le dire en gros)
La mine haute, & l'ame baſſe.

SIXAIN.

Lorſqu'en terre on vous portera,
Je garnirai ma caſſolette;
Une odeur douce en ſortira.
J'ai votre éloge dans ma tête :
Expirés quand il vous plaira,
Votre oraiſon funebre eſt prête.

EPITAPHE.

Ici repoſe Lancelot
Qui brilloit par la langue, & qui ne dit plus mot.

QUATRAIN.

De nos Supérieurs, Lenglet, pourquoi médire ?
Gardons-nous bien d'irriter leur courroux :
Si nous nous gendarmions contre plus forts que nous,
Soïons perſuadés que nous aurions du pire.

SIXAIN.

Lutter contre les vents, lorſqu'écume la mer,
Si ce n'eſt point une ſottiſe,
C'eſt au pied de la lettre une vaine entrepriſe.
Quand le pot d'argile, Geber,
Impétueuſement heurte le pot de fer,
Croit-on de bonne foi que ce dernier ſe briſe ?

QUATRAIN.

Quoique vous ne marchiés qu'avec des efcarpins,
Vous prenés affès mal, Macron, vos avantages.
Les plus grands Clercs ne font pas les plus fins,
Ni les gens riches les plus fages.

DOUBLE SIXAIN.

Comme à la preffe vont les fous,
Les Soldats à la picorée;
Ainfi les Hommes vains abandonnent leurs trous,
Pour fe repaître de fumée.
Moi qui hurles avec les loups;
Qui prends la balle de volée;
Préfére au deffus quelquefois le deffous,
Je viens de faire une équipée;
D'une pierre j'ai fait deux coups.
Vous m'offrés de fauver & la chévre & les choux :
Vous vous faites tout blanc, Fernel, de votre épée;
Mais je ne compte point fur vous.

QUATRAIN.

Euffiés-vous d'Apollon les armes meurtrieres,
Vous n'êtes devant moi, Lely, qu'un Renardeau.
J'ai la gueule pavée, & les dents carnaffieres :
Du plus grand Rodomont je ne fais qu'un morceau.

HUITAIN.

Lorfqu'on a vent arriere, il faut mouiller la voile;
Et fi l'on n'a point d'atelier,
Plutôt dormir dans un grénier
Que coucher à la belle étoile :
Petit Mercier, petit panier,
Que chacun faffe fon métier.
Sethon barbouilloit de la toile;
Syphax barbouille du papier.

QUATRAIN.

Il n'eſt nul Courtiſan qui ne porte le maſque ;
Aucun Prélat de Cour, qui ne marche à grand train ;
Nul Cuiſtre gradué, qui n'ait l'eſprit fantaſque ;
Nul Artiſte connu, qui ne ſoit un peu vain.

SIXAIN.

A table Vernanſal chez lui ſouffre martyre :
Il voudroit qu'on y bût le vin comme un ſirop ;
Qu'on n'allât qu'au petit galop.
Sans médiſance on peut le dire :
Ce n'eſt point d'amour qu'il ſoupire ;
C'eſt de voir que l'on mange trop.

QUATRAIN.

Lipſe & Lucine ont fait divorce :
Vous les voudriés encor loger ſous même toit.
Selve, entre le bois & l'écorce
Il ne faut pas mettre le doigt.

SIXAIN.

Vous ne chantés que par routine,
Ne parlés qu'à bâtons rompus :
Vous mériteriés, Tulenus,
Qu'on vous donnât la diſcipline.
Allés-vous-en boire chopine,
Et ch moiez ne revenés plus.

DIXAIN.

Vous m'avés tant & tant conté de balivernes
Qu'en revanche je veux vous païer de lanternes.
On ne doit point battre, Bailleul,
Devant le Lion l'Epagneul ;
A quelques écus prendre garde,
Ni s'amuſer à la moutarde.
Laiſſés derriere vous les tours inſidieux :
Tâchés d'avoir des mœurs honnêtes.
Vous parlés d'or ; mais de l'argent vaut mieux :
Aquittés donc toutes vos dettes.

SIXAIN.

Vous êtes un Homme de bien !
Brisons là-dessus, Tatien :
Je ne trouve en vous qu'un Cynique,
Qu'un Hypocrite famélique ;
Beaucoup plus vicieux, aussi comédien
Qu'Alexandre d'Abonotique.

HUITAIN.

Si pour matter vos ennemis
Vous descendés dans l'hippodrome,
Où Momus de sa main donne aux Vainqueurs le prix;
Comme à la Déesse Cypris
Au pied du Mont-Ida Paris donna la pomme ;
D'après Boileau, je vous le dis,
Le plus que vous pourrés variés vos écrits :
Changement de propos, Brulart, réjouit l'Homme.

DIXAIN.

Pour avoir le coup d'œil si fier
Etes-vous donc un Curiace ?
Avés-vous un poignet de fer,
Le dos large, un nez de cocace ?
Bien loin d'être un Coclés, un Pompée, un Cimber
Vous n'êtes qu'une calebasse.
Lorsqu'on n'a jamais vû des carcasses en l'air,
Essuié le feu d'une place,
On doit rougir de honte, Eucher,
De s'être fait peindre en cuirasse.

QUATRAIN.

A quoi sert-il de vous flater :
Vous en avés jusqu'aux bretelles.
Vous vous faites toujours des affaires nouvelles ;
C'est à vous à les discuter.

DIXAIN.

DIXAIN.

Bien que je fois un Esprit cacochime,
J'ai quelque chose en moi de bon ;
Au contraire on ne peut vous avoir en estime:
Ramassé comme un Hérisson,
Vous avez l'air d'un Pantomime,
La démarche d'un Pantalon.
Vous valez beaucoup moins qu'une botte de cardes :
Vous êtes, Aristocréon,
Un trouble-fête, un vrai brouillon ;
Un Homme en un mot à nasardes.

SIXAIN.

La peste du Cogne-fétu,
De prétendre que les Richesses
Avec elles toujours entraînent la Vertu !
Remplissés de bon sens vos caisses :
Vous n'êtes, Pharnace, entendu
Qu'à mettre en pile vos espéces.

QUATRAIN.

Césalpin, quels airs impudens !
Vous avez de sottes manieres :
Si vous chiffonnez mes rubans,
Je vous taillerai des croupieres.

HUITAIN.

Vous seul dites, Corbinelli,
Que Julienne & Flaminie
Ont au visage plus d'un pli ;
Dans la tête un grain de folie :
Mais tout le monde assure, & je le dis aussi
Sans vouloir pourtant vous couvrir d'ignominie,
Que vous êtes plus étourdi
Qu'un Haneton & qu'une Pie.

SIXAIN.

Vous avez diftilé fur moi votre venin ;
Croïez-vous bonnement que je vous le pardonne ?
   Mettés de l'eau dans votre vin :
Si vous ne fuivez point l'avis que je vous donne,
    Vous pouvez compter, Lifmanin,
    Que je vous la baillerai bonne.

HUITAIN.

Chacun tâche aujourd'hui d'illuftrer fa maifon ;
Il n'eft petit Docteur natif du Bergamafque,
Piémontois, Mantoüan, Tirolois, Brabançon,
Provençal, Auvergnat, Poitevin, Bourguignon
    Qui ravi de lever le mafque,
    N'ait au lieu d'un tambour de bafque,
      Au deffus de fon écuffon
La Couronne perlée, ou de profil un cafque.

SIXAIN.

Puifque bon an, mal an, Pinfard, vos revenus
   Se montent à trois mille écus,
   Cela nous dit qu'aux efcarmouches
   Vous tirez toujours à cartouches ;
   Que quand vos filets font tendus,
   Ce n'eft point pour prendre des mouches.

QUATRAIN.

Noftradamus a dit affez éloquemment
Qu'à gros flocons tombera de la nuë
L'avoine, le millet, le fégle, le froment;
Lorfqu'un Dauphin menera la charruë.

DIXAIN.

Ne venés point me rire au nez :
Dans l'Hyperbole & l'Apoftrophe
Ma Mufe a fait un grand progrès,
Je fais faire une belle Strophe :

J'ai déja mis au jour plus de quatre Sonnets.
De la Montagne à deux fommets
Mon domicile eft limitrophe;
Hippocréne arrofe mes prés.
Lorfque vous le fouhaiterés,
Bril, je vous ferai voir de quel bois je me chauffe.

SIXAIN.

Pour tracer vos appas, je garnis mon craïon
D'un petit morceau de fanguine :
Vous avez le teint blanc, Crifpine,
Comme le cû d'un chauderon ;
Plus de chaffie aux yeux, & de barbe au menton
Que la Sibylle Tiburtine.

QUATRAIN.

Le dicton fuivant, Chappuzeau,
Vient de l'Ecole d'Ifocrate ;
On fait mieux de jetter la femence dans l'eau
Que de femer en terre ingrate.

HUITAIN.

Prenés vos bottes dès demain :
Vous n'abandonnés point un país de cocagne.
Ne faites pas du bruit, Almain ;
A fe mettre en colére, on perd plus qu'on ne gagne.
Plus rouges que cire d'Efpagne,
Vos Ennemis forment un gros Effaim :
Ils dominent fur la Campagne,
En fe tenant tous par la main.

QUATRAIN.

Vous êtes Chevalier ! je vous en félicite ;
C'eft un titre d'honneur, dont fe parent les Rois :
Mais cette gloire eft bien petite,
Lorfqu'elle eft attachée au brillant de la Croix.

DIXAIN.

Cela n'eſt point douteux ; vous avez de l'étude :
Vous connoiſſez les Gens lettrés,
Tous les Artiſtes renommés ;
De chaque Aſtre la longitude,
Des Saiſons la viciſſitude ;
Les Monts, les Fleuves, les Forêts,
Les Villages, les Bourgs, les Châteaux, les Cités
Depuis Siam juſqu'à Dixmude.
Tel ſavoir néanmoins paſſe pour du platras,
Baldric, lorſque ſoi-même on ne ſe connoît pas.

SIXAIN.

Je ne ſuis point ſi ſot que de prendre le change
Quand on me raille, je bondis ;
Dès qu'on m'outrage, je me venge.
J'ai dans mon jeune tems appris
Que quiconque ſe fait brebis,
Arcéſilas, le Loup le mange.

QUATRAIN.

Retenés votre langue avec de bons liens :
Lorſqu'on eſt prévoyant & ſage,
On ne ſe moque pas des Chiens
Que l'on ne ſoit hors du Village.

SIXAIN.

Fracaſtor eſt un vieux routier ;
Il entend auſſi bien la banque,
Qu'eſt habile dans ſon métier
Un Bachelier de Salamanque :
Il ne craint point de devenir Courtier ;
Il a peur que terre lui manque.

QUATRAIN.

On vous croit bien pécunieux,
Parce que vous avez plus d'une tirelire ;
Agonax, vous êtes un gueux ;
Je ſuis forcé de vous le dire.

DOUBLE-HUITAIN.

Jugeons toujours, Beffarion,
Des chofes fans prévention:
La Marne eft un ruiffeau par rapport à la Seine ;
Horace un Eléphant au prix d'Anacréon.
Saurin vaut pour le moins la Ruë & Maffillon.
Dans les Concerts qu'on fait du côté d'Hyppocréne,
Brécourt, faute d'avoir une voix de Siréne,
Sert de pupître à Crébillon :
Therfippe auffi fort que Milon,
De bouclier à Démofthéne.
L'Architecture tient fon éclat d'Hermogéne.
Du Vaiffeau que monte Eraton,
Ovide eft le mât de mifaine.
De Brébeuf chez Comus la Serre eft l'échanfon ;
Et la Mothe, le Noble au comptoir d'Apollon
Sont les Commis de la Fontaine.

SIXAIN.

Quoique vous tranchiez fort du grand,
Ne croyez pas que je vous louë.
Oui, la caque fent le harang ;
Vous avez une ame de bouë.
Vous ne démentez point, Mamurra, votre fang :
Vos actions fentent la rouë.

QUATRAIN.

Vous avez des vertus qu'on ne peut trop louer ;
Mais lorfque pour des riens votre bouche tempête ;
Je fuis tenté de m'écrier :
Bonne Femme, mauvaife tête.

DOUBLE SIXAIN.

Ne prenons point le perfil pour du thim,
Les noifettes pour des piftaches.
Les raifins mûrs font le bon vin,
Les poils blonds les belles mouftaches.

Les Vaisseaux de haut bord sous eux ont des pataches ;
Les vieilles gens un air chagrin,
L'esprit rebours & les mains lâches.
Lorsque nous tirons à la fin,
N'apellons point le Médecin :
Gardons-nous de chercher dans le Soleil des taches,
Puisqu'on ne peut pas fuir ici-bas son destin,
Suivons le grand chemin des Vaches.

QUATRAIN.

Faire ce que Tantale fit ;
Etre un Crésus, & vivre en misérable,
C'est le plus grand travers d'esprit,
Dont l'Homme puisse être capable.

HUITAIN.

Voici des observations
Faites par un bon Scholiaste :
Un Faiseur de descriptions
Doit éviter les repétitions ;
Un Peintre observer le contraste ;
Un Poëte avoir l'esprit vaste ;
Un Négociateur de belles notions ;
Un jeune Abbé haïr le faste.

DOUBLE-DISTIQUE.

Vaillant, Spon, Baudelot, Rainssant, du Molinet
Sont cinq têtes dans un bonnet ;
C'est-à-dire, à Paris, à Lyon, à Versailles
Des Héros en fait de Médailles.

SIXAIN.

Ce que j'avance est très-certain :
Les Femmes sont faites, Argyre,
Tout comme les bâtons de cire.
Avez-vous résolu d'en venir à l'himen,
Fermez les yeux ; ouvrez la main :
Souvent qui choisit prend le pire.

DIXAIN.

Une affiette de fauciffons,
Et deux bouteilles fur la table,
Je vous vis l'autre jour, Amable,
Environné de Bucherons,
De Charpentiers & de Maçons
Pour faire un Château d'une étable.
Vous favez diffiper vos fonds ;
La chofe toutefois n'eft point un cas pendable :
La faute eft qu'au milieu du moindre des vallons
Vous enterrez votre or dans la marne & le fable.

HUITAIN.

On fait peu de cas aujourd'hui
D'un Auteur qui les autres pille :
Que cet Homme-là s'égofille
A nous demander notre appui,
Laiffons-le bien crier, lorfqu'Apollon l'étrille.
Il ne vaut pas plus que celui
Qui vient dans la moiffon d'autrui
Sourdement mettre la faucille.

SIXAIN.

C'eft mal fur mal de fe piquer au jeu :
Irriter les Efprits aux dépens de fa rate,
Il vaudroit mieux feffer quelque feffe-Matthieu,
Et fe démettre l'omoplate.
Ne jettons point de l'huile dans le feu ;
Brûlons plutôt un aromate.

QUATRAIN.

Que nous logions dans un taudis,
Ou dans une Maifon grande, commode & belle,
Tâchons d'avoir quelques Amis :
A chaque Saint une chandelle.

HUITAIN.

Vous me prônés toujours les riches Financiers :
Ces éloges ne font que de pures chimères.
Moi, qui pour leur favoir fais grand cas des Daciers,
Des Polignacs, des Montauſiers,
Des Rabutins & des Caillieres,
Je ne m'arrête point dans les vaſtes bruïeres :
Je lance mes regards fur les arbres fruitiers :
J'aime mieux un Rollin que tous les gens d'affaires.

SIXAIN.

Pourquoi me mettrois-je en courroux ?
Bridés votre cheval, Noradin, par la queuë ;
Allés tout au travers des choux ;
Confondés l'incarnat avec la couleur bleuë ;
Je n'en fuis certes point jaloux :
Mais ne m'offufqués point la vuë.

QUATRAIN.

Mieux que le Pordenon j'entends le clair - obſcur ;
Vous n'étes propre, Ajax, qu'à faire un barbouillage.
Vous joués au plus fin, moi je joue au plus sûr :
Ainſi de tous côtés j'ai fur vous l'avantage.

SIXAIN.

Les flots font le jouet des vents,
Les Femmes des vaiſſeaux fragiles ;
Les Hommes des Etres méchans,
Apres au gain, jamais tranquilles :
Les Piailleurs de fottes gens,
Les Avaricieux des Créatures viles.

QUATRAIN.

Allés droit, de travers ; écrivés mal ou bien,
Ce ne font point là mes affaires :
En paix à votre tour laiſſés-moi, Flavien ;
Je veux me former des chimères.

HUITAIN.

HUITAIN.

Lorsqu'il boit bien du vin clairet,
L'imbécille Abelox se croit plus qu'Ariofte.
Parce qu'il n'aime pas le bruit, s'il ne le fait,
Quand je lui rabats le caquet,
Le poing sur la hanche il m'accofte,
Et d'un ton aigre il me rifpofte.
Qu'il s'accagnarde au cabaret,
A la bonne heure; c'eft fon pofte.

SIXAIN.

Je fuis doux de mon naturel;
Mais auffi-tôt que l'on me fâche,
Comme un Lynx je deviens cruel:
La corde de mon arc n'eft ni foible ni lâche;
Si vous me morgués, Arbriffel,
Je vous arracherai poil à poil la mouftache.

QUATRAIN.

Aux plus riches habillements
Vous préférés une antiquaille;
Et moi des anciens monuments
Je ne donnerois point la moitié d'une maille.

SIXAIN.

Vous avés donc mis, Clerambeau,
Dans le fond d'un Couvent votre Fille Heléneau,
Pour qu'elle ne foit plus en proïe à quelque Drille ?
C'eft pouffer bille contre bille;
C'eft à la mer porter de l'eau :
Le Grillon peut paffer au travers de la grille.

HUITAIN.

Vous êtes un trop mince & pauvre citadin
Genebrad, pour me faire accroire
Qu'une gouge eft une doloire;
Que le Pô traverfe Turin;

Que le Leck se perd dans la Loire,
L'Allier se jette dans le Rhin :
Qu'un Choucas est un Francolin,
Un roman une belle histoire.

DIXAIN.

Comme Hermaphrodite jadis
Etoit joint avec Salmacis,
Un Mari de même à Bergame,
A Naples, à Lisbonne, à Venise, à Paris,
A Marseille, à Milan devroit avec sa Femme
Ne faire qu'un corps & qu'une ame.
Mais où les trouve-t-on de cette sorte unis ?
Ce n'est plus le tems de Pyrame,
Les choses vont de mal en pis :
A chaque pas qu'on fait on trouve un polygame.

QUATRAIN.

Ne faites pas tant le moqueur ;
Le feu de votre esprit n'est point inestinguible.
Le vin fait revenir le cœur ;
Le savoir, Donaldson, quelquefois est nuisible.

SIXAIN.

Que vous soyiez, Sire Bertaud,
Tout de salpêtre ou tout de glace,
Cela ne fait ni froid ni chaud.
Votre Pere étoit fort tenace ;
Vous avés le même défaut :
Le bien cherche le bien : bons chiens chassent de race.

QUATRAIN.

Avés-vous le renom du Chevalier Bayard ?
Etes-vous plus savant que Tannegui le Févre ?
Vous êtes, Thersiloque, un vrai Martin braillard,
Qui sur un rien prenés la chévre.

DIXAIN.

Le cancre Agathobule amorcé par l'amour,
Dit du Singe la pate-nôtre :
Il vit de tifanne d'épeautre,
Et de quelques gráillons rechauffés dans le four.
Cotys qui vient de mettre au jour
Une Œuvre fous le nom d'un autre,
Aux cris de la Critique eft fourd ;
Fait fes quatre repas, tranche du bon Apôtre.
Ce n'eft point avoir l'efprit lourd :
Le mal d'autrui n'eft pas le nôtre.

SIXAIN.

Vous avés beau téfaurifer,
Vous êtes des Mortels l'un des plus haïffables :
Pourquoi pas vous humanifer ?
Les tréfors ne font profitables
Qu'autant qu'on en fait bien ufer,
C'eft-à-dire, Aventin, qu'on aide aux Miférables.

QUATRAIN.

Quoi, vous allés donner une folution
De la quadrature du Cercle !
Je ne favois pas, Pollion,
Que vous euffiez le cerveau fans couvercle.

DIXAIN.

La Jeuneffe fe plaît aux vains raifonnemens :
Eft-on vieux ? tout nous inquiéte.
Sommes-nous parvenus à foixante & cinq ans ?
Ne nous avifons pas de courir l'éguillette ;
Ne mêlons point l'amour à nos amufemens :
N'allons pas dans Cithére en quête.
Quand nous aurions fur notre tête
Plus de cheveux noirs que de blancs,
Ne courons point après les fans :
Lifons, dormons, mangeons; beuvons de la blanquette.

SIXAIN.

Levé de bon matin,
Vous écrivés toute la matinée
En grec, en françois, en latin :
Mais vous vous arrétés enfin ;
Parce que vous trouvés toujours, Idomenée,
Des pierres en votre chemin.

QUATRAIN.

Vous n'avés pas le crâne enduit de terre glaife,
Votre Mufe, Audebert, ne va point à tâtons :
Si votre Profe eft platte autant qu'une punaife,
Abfolument parlant vos Vers font affez bons.

DIXAIN.

Taifés-vous, je vous prie, Hoüaffe ;
Vous n'êtes qu'un jeune muguet,
Pour ne pas dire un farfadet.
Parmi les Chanteurs du Parnaffe
Pourquoi vouloir chanter la baffe
Avec une voix de fauffet ?
Endoffés plutôt la cuiraffe ;
Faites le coup de piftolet,
Ou quelque tour de paffe-paffe ;
C'eft-là juftement votre fait.

QUATRAIN.

Si dans votre Famille on trouve un Camerlingue,
Vous êtes, Ponthus de Thiard,
Chez Efculape un porteur de feringue ;
Ou pour mieux dire un Gadoüard.

SIXAIN.

Etes - vous Turc ? Etes - vous Scithe,
Tonquinois, Curde, Dorien ;
Gnoftique, Cataphrygien,
Millénaire ou Monothelite ?
Je crois plutôt, Trebellien
Que vous êtes un Sybarite.

HUITAIN.

C'eſt un Eſprit-fort que Lanfranc:
On peut frapper ſur lui comme ſur une enclume,
Quoique dans le Lycée il ſoit au dernier banc,
Il a tout le ſavoir qu'ont d'Alembert & Hume.
   S'il vouloit tailler bien ſa plume ;
Se battre avec la queue enſuite un peu le flanc,
Il pourroit compoſer chaque année un volume :
Pourvu qu'on n'exigeât qu'il ne le fît qu'en blanc.

DOUBLE-SIXAIN.

Comme un Vieillard que la faim preſſe,
  Vous n'avés point le teint flétri ;
  A table on vous ſert du rôti ;
Vous mangés du pain de Gonneſſe,
  Beuvés du vin muſcat d'Albi.
  De votre embonpoint & richeſſe
  Ne ſoyez pas enorgueilli ;
Votre beauté n'eſt rien qu'une ombre enchantereſſe,
Qu'un gouffre par lequel vous ferez englouti :
  En effet nous ſavons, Laireſſe,
   Que dans ſa premiere jeuneſſe
   L'Ange Apoſtat étoit joli.

QUATRAIN.

  Vous ne jouez point, Verkolie,
  Un perſonnage qui ſoit beau ;
  Quand béquetté d'un Paſſereau,
  Vous chantez la palinodie.

HUITAIN.

J'aime le vin, parce qu'il touche au cœur,
  Et qu'il rafraîchit la mémoire ;
Le café pour ſon goût, le thé pour ſa verdeur :
  Il n'en faut pourtant pas trop boire,
  Non plus que d'aucune liqueur.
  Pélops, ſi vous voulés m'en croire,
Etanchés votre ſoif avec du jus de poire :
  Pour de la biere, ſerviteur.

DOUBLE-SIXAIN.

Vous ne mérités point d'être Homme :
Vous faites maigre chére, & vous êtes vêtu
Comme balles d'un jeu de paume ;
Bon d'ailleurs, mais Gafcon têtu,
Plus chargé qu'un cheval de fomme,
Qui court où d'autres ont couru.
Oui, je vous le foutiens, tous chemins vont à Rome;
Tout vin blanc n'eft pas vin bourru.
Votre travail eft fuperflu :
Vous ne fauriés prendre, Latome,
Les Guêpes avec de la gomme,
Ni les Merleffes à la glu.

QUATRAIN.

Quoique l'occafion s'en offre,
Je ne fais point la cour aux Grands;
Parce qu'il faut avoir des gants,
Pharnabaze, & piquer le coffre.

SIXAIN.

Par les orbes divers bien loin d'avoir paffé,
Vous n'avés jamais fû ce qu'eft un Hemicycle ;
Auffi de vos défauts je ne fais qu'un article :
Dans votre ignorance enfoncé,
Vous parlés comme un pot caffé ;
Vos lumieres, Codrus, ne valent point un ficle.

DIXAIN.

Vous croïés être, Cardenal,
Auffi brave, auffi fin que l'etoit Annibal :
Sachés, groffe Pécore à petite caboche,
Que vous n'êtes qu'une bamboche :
Qu'un Limaçon du Sénegal,
Qu'une morte au lieu d'une roche.
Je vous ai fait du bien, Lerambert, fans reproche :
Pourquoi me voulés-vous du mal ?
Je ne penfe point être en force votre égal :
Mais fi vous êtes fort, vous avés l'efprit gauche.

SIXAIN.

Devant le trépied d'Apollon
Je vous déclare, Abdalonyme,
Que votre ouvrage monorime
N'est qu'un croquis fait au charbon,
Que vous ne rendrés jamais bon,
Quand vous lui donneriés trois mille coups de lime.

DIXAIN.

Les mots choisis font les beaux Vers :
    La Nature fait le Poëte.
Les Serpens craignent l'orcanette ;
Les Pédans les deux Scaligers.
Diamante, au feu des éclairs
N'opposons point une bluette.
Lorsque se leve la tempête,
Ne nous perdons pas dans les airs.
Les affaires vont à l'envers,
Quand les pieds commandent la tête.

HUITAIN.

Vous êtes de Bacchus un très-digne Suppôt :
Vous beuvés comme un trou, Ménandre,
Et vous dormés comme un sabot.
On auroit bien tort de vous prendre
Pour un Pied-gris, un maître sot.
Quand je devrois me faire pendre,
    Puisque vous aimés le piot,
Je vous prends pour un Alexandre.

SIXAIN.

Je ne suis pas Homme, Nidhard,
A me confesser au Renard.
Laissés mes choux ; coupés les vôtres :
N'ayez pas si fier le regard,
Décampés vîte ; il se fait tard :
Portés vos coquilles à d'autres.

DOUBLE-HUITAIN.

Ne vous gonflés pas tant, Cayot :
Vous n'êtes non plus propre à faire un coq-à-l'âne,
Que moi je ne le suis à fabriquer un pot
Fait en façon de filigrane.
Puisqu'il faut parler ferme, apprenés que Marot
Fier comme un Chef de Caravane,
Manioit bien la pertuifane,
Paffoit fur fes Vers le rabot,
Les unifloit avec la plane ;
Mais vous qui n'êtes qu'un pied-bot,
En tirant de la farbacane,
Vous ne pouvés d'un chou qu'abattre un efcargot.
Sous l'antre où les neuf Sœurs s'amufent au tarot,
Vous habités une cabane :
Que vous reftiés en bas, que vous grimpiés en haut,
Vous croyés être un Aigle, & vous faites la cane.

SIXAIN.

Les Doctes les plus aguerris
Ne gagnent pas toujours le prix ;
Il femble quelquefois que Satan les obféde :
Contre leur humeur fombre il n'eft point de reméde.
Defcartes qui pouvoit vivre heureux à Paris,
S'en alla mourir en Suéde.

HUITAIN.

Britomare, allons bride en main :
Quoique l'exercice foit fain,
Ne courons point la prétentaine ;
Nous ferions bien-tôt hors d'haleine.
Moitié figue, moitié raifin,
Je fuis plus lourd qu'une Baleine :
Je ne crois pas auffi que vous foyiés un Daim ;
On n'a qu'à voir votre bedaine.

QUATRAIN.

QUATRAIN.

Vous avés beau me rudeyer ;
Cela ne mettra point mon esprit en desordre :
Tous les Chiens qu'on entend, Zoroastre, aboyer
Ne sont pas toujours prêts à mordre.

SIXAIN.

Non, avec vous, Paterculus,
Je ne calerai point la voile.
Vous aimés les fatras ; vous faites des rébus :
Je suis bon Ouvrier en toile.
Votre Pégase borgne a les pieds tout tortus ;
Le mien, souple à la main, porte au front une étoile.

QUATRAIN.

Aller aux meures sans crochet ;
Régimber contre Ceux qui gouvernent l'Eglise,
C'est, Lamponiano, souffler contre la bise,
La tête rase & sans bonnet.

DIXAIN.

Vous faites la mine au fromage !
Comment ? vous ne voulés pour dessert, Bossulus,
Que des fruits à pépin dans le sucre fondus ?
En cela vous n'êtes point sage.
Moi contre deux petits écus
Cinquante pistoles je gage
Que le cotignac de Bacchus
Vaut les coings confits dans leur jus :
Ainsi j'en mets par-tout jusque dans mon potage,
Afin de boire un coup de plus.

QUATRAIN.

Pourquoi le cas avant le verbe ?
Vous prétendés donc, Edoüard,
De guet-à-pens choquer Malherbe,
Donner un soufflet à Ronsard.

Gaffarel qui se plaît aux discours des gens ivres,
En reçoit du vin pour des vivres :
C'est un rare & savant Arithméticien ;
Il ne peut qu'amasser du bien :
Il fait de cent sous quatre livres ;
De quatre livres rien.

QUATRAIN.

Que voulés-vous, Valcks, que je dise :
Vous avés fait un heureux coup
D'épouser la belle Euphronise ;
Mais gare qu'au bercail il n'entre quelque Loup.

SIXAIN.

Les Hommes sont friands de fort petites choses :
Quand vers eux mes yeux sont tournés,
Que d'étranges métamorphoses !
Ah que je vois d'Esprits bornés !
On ôteroit plutôt les épines des roses,
Que d'ôter le venin de leurs cœurs gangrenés.

DIXAIN.

Vous vous imaginés, Lutoire,
Qu'une plume & qu'une écritoire
Ne sont rien auprès d'un miroir,
D'une broche ou d'une lardoire ;
Qu'en ce monde on ne doit savoir
Que s'ajuster, jouer, rire, manger & boire.
De ces pauvretés-là vous tirés votre gloire
Depuis le matin jusqu'au soir :
Aussi quand vous serés dans le sombre manoir,
On ne suera point pour faire votre histoire.

QUATRAIN.

Pélopidas, de vos vertus
Je ne donnerois pas un Rouble :
Vous ressemblés au vieux Janus ;
Vous avés deux fronts, l'ame double.

SIXAIN.

Pérugin, vivons en repos :
Quoiqu'en effet je fois le Dogue le moins gros,
Et le plus mal nourri de toute la Province,
Ceux qui m'ont pincé je les pince ;
J'ai de la moîle dans les os :
Je trépigne, & les dents je grince.

HUITAIN.

Lubbert, vous voilà donc pourvu
D'un emploi fuffifant pour nourrir plufieurs bouches ?
Après quantité d'efcarmouches,
En Héros vous avés vaincu.
Vous rempliffés vos muids du vin de votre cru ;
Vous mangés des melons qui viennent fur vos couches.
On prend les Piverts à la glu :
A Chevaux maigres vont les mouches.

QUATRAIN.

Pour ne point dire un Hériffon,
Un Crocodile, un Ours, un Tigre ;
L'Homme eft un vrai Caméléon :
Tel nous vante aujourd'hui, qui demain nous dénigre.

DOUBLE-SIXAIN.

Parce qu'elle étoit faite au tour,
Cypros féche comme canelle,
Croit que les Graces & l'Amour
Se tiennent encore autour d'elle ;
Et que l'on doit cuire à fon four.
Pourquoi, vieille Sempiternelle,
Vous tournés-vous contre le jour ?
Seroit-ce pour paroître belle ?
Songés que dans votre ruelle
La Mort, en battant le tambour,
Et fur l'épaule ayant fa pèle,
Au dernier combat vous appelle.

HUITAIN.

On ne me plume pas, Belleau,
Comme l'on plume un pigeonneau :
Je suis subtil en toutes choses.
Je connois Juvénal ; je possède Boileau :
Je sais la carte & les métamorphoses.
Vous avés machiné ma perte de nouveau ;
Mais, en suivant le fil de l'eau,
J'ai découvert le pot aux roses.

SIXAIN.

Que vous soyiés près de Junon,
Ou dans la grotte d'Amalthée,
Vous n'êtes rien moins que larron :
Il est vrai que la faim avant votre himenée,
(Soit dit sans que je veuille obscurcir votre nom)
Gardiner, vous fit prendre un pain sur la fournée.

DIXAIN.

Vous êtes ce que fut Vulcain :
Pour aigrette je vois que vous avés, Boxhorne,
Le panache que porte un Daim ;
Et cela graces à l'himen,
Qui catholiquement vous lie à Maritorne.
N'allés pas vous cabrer comme un jeune Poulain ;
Souvenés-vous plutôt, en rongeant votre frein,
Qu'un Homme de renom, qui n'avoit point l'air morne,
Auguste, Fondateur de l'Empire-Romain,
Étoit né sous le Capricorne.

SIXAIN.

Vous avés entre tous de terribles défauts :
Avec le sens commun votre Femme est brouillée ;
Votre Fille est une éveillée ;
Vous êtes, Phérecyde, un fendeur de naseaux ;
Clitophon votre Frere est le roi des ribauds,
Et votre Fils une poule mouillée.

HUITAIN.

D'un Ladre examinons moins les pieds que les bras ;
Il gripe un quart-d'écu, lorsqu'il fait quelques courses,
  Comme gripent le lard les Chats.
 L'Avarice rançonne & Prêtres & Soldats ;
 De même que le Gange elle a diverses sources ;
C'est un torrent qui roule avec un grand fracas.
Tel Taquin qui se porte à voler un compas,
  Peut devenir coupeur de bourses.

QUATRAIN.

Qui m'appelle en sifflant ? Est-ce vous, Fréminet ?
  Vous devriés rougir de vergogne
  De me prendre pour un baudet,
  Vous ! qui n'êtes qu'une Cicogne.

SIXAIN.

 Ne croyons pas que Vander-Loir
 Soit aussi diable qu'il est noir :
 C'est la meilleure pâte d'Homme
Qu'on ait vû, ni qu'on puisse voir.
On lui peut par le nez donner de l'encensoir,
Et le charger comme un cheval de somme.

QUATRAIN.

  Anastase, allons doucement ;
 J'ai l'esprit trop sec pour vous suivre :
  Votre plume est toute d'argent ;
La mienne au bec de fer a le tuyau de cuivre.

DIXAIN.

  Parce que la prude Alison,
Affecte en vous voyant, d'avoir un cœur de roche ;
  Et qu'une chétive bamboche
  Vient de vous damer le pion,

Votre voix fait du bruit autant qu'un tourne-broche;
Vous pestés contre Cupidon
De loin aussi-bien que de proche.
Apprenez de moi, Salpion,
Que belle fille & vieux haillon
Trouve toujours quelque clou qui l'accroche.

SIXAIN.

Se livrer à la volupté
Comme la Matrône d'Ephése,
Quel abandonnement! quelle grossiereté!
Quelle honte, Dame Nicaise!
Ho, ho! jeune Tendron, vous en avés tâté;
Vous en parlés trop à votre aise.

QUATRAIN.

Après avoir cent fois imploré votre appui,
Méprifer mes clameurs, c'est me faire comprendre
Qu'il n'est pire sourd que celui,
Bomberg, qui ne veut pas entendre.

HUITAIN.

Quoiqu'effectivement je ne sois qu'un babou,
J'entasse quelquefois sentence sur sentence;
Ecoutés donc : je dis qu'un Avare est un fou;
Un Escamoteur, un filou;
Une femme qui trompe, une fausse balance;
Un coup de bec une arrogance;
Un Pere rude un Loup-garou;
Une Fille de joïe une maudite engeance.

SIXAIN.

Je chante beaucoup mieux que ne faisoit Lully :
Mes Vers sont plus coulans que ceux de Fontenelle :
En tours subtils & fins je passe Sganarelle.
Vous parlés comme un étourdi;
Un coup de Soleil, Balducci,
Vous a disloqué la cervelle.

QUATRAIN.

Entre vous & moi, Manéthon,
La différence est fort petite :
Oui, je suis du métier qu'est un croque-lardon ;
Le vôtre est de savoir écumer la marmite.

HUITAIN.

Ne croyés point que devant vous,
Rhescuporis, je m'agenouille :
Vous êtes un Maître-Gribouille,
Ou plutôt le roi des grigous
Que de son lait nourrit la Pouille.
Pour moi qui mets mon tems à sculpter des cailloux,
Je hurle, quand je suis environné de Loups ;
Avec les serins je gazouille.

DIXAIN.

Plutôt que de tant barguigner,
Ayons notre cœur sur nos lèvres :
Que ce soit chez le Charcutier,
Ou que ce soit chez les Orfévres,
Quand on achete il faut payer.
Au tambourin l'on ne prend point les liévres.
L'himen guérit l'amour ; le quinquina les fiévres.
Quatre Filles à marier !
Vous êtes à plaindre, Grollier :
Il vaudroit mieux garder quatre troupeaux de chévres.

QUATRAIN.

J'en suis plus que certain ; vous êtes, Marcomir,
De Bacchus le premier Ministre :
Vrai comme nous devons mourir,
A la Cour d'Uranie un Cuistre.

HUITAIN.

Vous n'êtes pas sec comme un pois,
Ni mou comme une pomme cuite :
Lorsque vous êtes dans un bois,
Un Loup ne vous met pas en fuite.

LA CLINCAILLE
Votre cervelle eſt bien enduite :
Vous avés de l'eſprit juſques au bout des doigts;
Cependant, Baliſter, je vois
Que la plupart du tems vous manqués de conduite.

SIXAIN.

J'en conviens, la Bruyére a mille & mille attraits :
C'eſt un Ecrivain méthodique ;
Il excelle dans les portraits.
Mais ſon diſcours académique,
Bon au commencement, & vers la fin mauvais,
Eſt un julep ſoporifique.

QUATRAIN.

Puiſque l'argent fond dans vos mains,
Comme ſur le réchaut dans un plat fond le beurre,
Je ne vous mets point, Firme, au nombre des faquins ;
Vous n'êtes qu'un Oiſeau de leurre.

SIXAIN.

Ne me parlés plus de Couſtou ;
Je ſais fort bien ce qu'en vaut l'aune :
Laiſſons-le moiſir dans ſon trou.
Outre qu'il a les traits d'un Faune,
C'eſt un maroufle, un gripe-ſou :
Il eſt vilain comme lard jaune.

QUATRAIN.

Savoir donner vaut mieux, Gadrois,
Que de ſavoir la Poſitive.
Qui donne tôt donne deux fois :
Qui peu donne veut que l'on vive.

DIXAIN.

A perſonne n'enlevons rien :
Laiſſons au Menuiſier l'équerre,
L'eſpatule au Pharmacien.
Aux Serpens les Renards ne font jamais la guerre :
Contre

Contre plus fin que foi vouloir faire le fin,
C'eſt vouloir lourdement donner du nez en terre ;
Comme de s'amuſer à réduire un mutin,
C'eſt, lorſque gronde le tonnerre,
Jouer du cornet à bouquin
Pour forcer la nue à ſe taire.

DOUBLE-SIXAIN.

La Muſe qui ſe plaît au ſon des chalumeaux,
Eraton qui ne vit que du ſuc des Abeilles,
M'enſeigne les Arts Libéraux.
Dans tous mes jardins les berceaux
Sont bien entrelacés de treilles.
Afin de rafraichir en Eté mes boyaux,
Je bois du ſirop de groſeilles.
L'air de la cave après mes veilles
Renforce mes eſprits vitaux.
Lorſque ſur le buffet je vois force bouteilles,
Que je ſuis entre deux tréteaux,
C'eſt alors que je dis merveilles.

DIXAIN.

Dès qu'on irrite mon courroux,
Comme je ſuis de race étruſque,
Je hurle plus fort que dix Loups
Que la faim en hiver fait ſortir de leurs trous;
Par deſſus tout cela j'ai la parole bruſque,
Les muſcles bien tendus, de gros bras, le poil roux :
Auſſi n'ai-je pas peur, ſi peu je crains les coups,
Que de mon poſte on me debuſque ;
En tout cas, Joakin, ce ne ſera point vous,
Qu'un brin d'herbe embarraſſe, & qu'une paille offuſ-
que.

SIXAIN.

Prêcher à Furnius d'être bon ménager,
A Grimoald ſur ſes rapines,
C'eſt croire que l'on peut changer
Les pierres d'Aigle en Almandines,
Les fleurs de lierre en celles d'Oranger,
Et les noix de gale en pralines.

QUATRAIN.

Vous n'êtes pas des plus manchots :
Vous avés les yeux doux, de beaux traits, l'ame noire ·
Vous favés le métier d'endormir les mulots ;
A fourber un chacun vous mettés votre gloire.

DIXAIN.

Si Fox n'eft pas des plus favans,
Il eft fort circonfpect & des plus vigilans :
C'eft un Docteur qui fe tremouffe,
Mais non pas pour tuer les gens.
Si tôt que fon malade touffe,
Il lui fait bien ferrer les dents ;
Sur fes lévres enfuite il applique le pouce.
Dans fes divers médicamens
Il n'entre point d'ingrédiens :
Ce n'eft qu'un Médecin d'eau douce.

SIXAIN.

Vous me faites fortir, Berulle, hors des gonds,
Quand vous mettés Ataulphe au rang des Harpagons :
Sachés de moi que c'eft un Homme
Qui ne fait point fon repas d'une pomme ;
Que c'eft un des plus fiers gloutons,
Qui fe puiffe trouver de Nankin jufqu'à Rome.

QUATRAIN.

Voulons-nous voyager dans le pays du Nord,
Prenons une bonne caléche :
Et fi nous allons à la péche,
Pêchons aux endroits où l'eau dort.

HUITAIN.

Vous errés grandement, Fabrice,
De croire qu'il ne faut pour jouer du haut-bois
Que fouffler fort, & remuer les doigts.
Il en eft de nos jours comme du tems d'Uliffe,

Mêmes défauts & mêmes loix :
Point de Flûteur sans un peu de caprice ;
Point de Poëte sans malice ;
Point de tête de Cerf sans bois.

DIXAIN.

Dès qu'au Pere du jour vous rendîtes hommage,
Mercure vous emmaillota ;
Mnémosyne vous alaita.
Je dois, Castelvetro, rendre ici témoignage
Qu'avec du nard gaulois Minerve vous frotta ;
Que vous avés été l'ornement de notre âge ;
Que vous êtes encore un second Jugurtha.
N'importe, après un long voyage
On s'arrête, lorsqu'on est sage :
Quand il fut décrépit, Homére radota.

SIXAIN.

Si vous avés besoin d'amasser des brouilles,
Franck, ne les coupés pas dans le bois de Bunel ;
Il pourroit vous manger avec un grain de sel :
Lui prêter le collet, c'est vendre des coquilles
A ceux qui pour des peccadilles
Sont de retour de Saint Michel.

DOUBLE-QUATRAIN.

Parce que Cupidon autour d'Elle voltige,
Pour découvrir sa gorge, Olimpe porte un busc ;
Godard son Epoux se néglige :
Il sent le bouc, Elle le musc.
Je plains ces deux Chefs de famille ;
Ils ne s'entraimeront jamais :
Ils vivront toujours en castille
Tant qu'ils feront contraints de se boucher le nez.

DOUBLE-SIXAIN.

Puisque vous n'avés qu'une brète,
Ne vous attaqués point, Béroalde, à Moscus :
Il a les ongles d'un Athléte,
L'arc, les fléches de Philoctéte ;
Le courage du Roi Pyrrhus.
C'est un vieux Coq à rouge crête,

Dont les ergots sont plus pointus ;
Mieux acerés qu'une lancette :
Il boit tous les matins un verre d'eau clairette,
Et coche tant qu'il peut les Poules de Phébus.
Vous êtes, vous, plus froid, moins fort qu'une Belette
Qui vit au pied du Mont-Taurus.

HUITAIN.

Soyés humble & souffrés, Jamblique,
Que je vous tâte un peu le poux :
Vous croyés posséder la vertu prolifique,
Avoir l'esprit pointu comme feuilles de houx,
Surpasser en hauteur les plus gros acajous ;
Mais cette vanterie est fort problématique :
Vous n'êtes qu'un pauvre Cacique ;
En fait d'escrime un âne est plus vaillant que vous.

DIXAIN.

Habillé d'étoffes de soie
De même qu'un Caïmacan,
A l'abri de la pluie, Hotman,
Vous tenés table ouverte, & nagés dans la joie.
Pour moi, vêtu de bouracan,
A ma douleur je m'abandonne en proie :
Et, parce que je suis un pauvre Chambrelan,
Mon ventre bruit le soir comme à jeun crie une Oie ;
Ainsi de chaque main je tire la courroie,
Pour aller jusqu'au bout de l'an.

HUITAIN.

J'aime mieux du pain noir que vos croûtes dorées :
Tout ce que vous dites, Mautour,
Ne vaut point deux raves gelées ;
C'est de l'eau benite de Cour.
Si vous marchés sur mes brisées,
Je vous donnerai d'un détour.
Quand les Oiseaux sont en amour,
Laissons-leur faire leurs nichées.

QUATRAIN.

Sanche a si bien trinqué chez Papire-Masson
Que la téte lui fume encore :
Il peut se passer d'opium ;
Mais il a besoin d'ellebore.

HUITAIN.

Lorsque je suis au cabaret,
Je tâche d'être côte à côte
Du Souffleur d'orgues, Balbinet :
C'est un gros garçon qui me plaît,
Parce que de Momus il porte la calotte,
Et qu'il n'est ni sourd ni muet.
Il chante fort bien son couplet ;
Ensuite il siffle la linotte.

QUATRAIN.

N'allons pas sur mer, Thémiseüil,
Pendant que régnent les grands calmes ;
Et ne cueillons point du cerfeuil,
Quand nous pouvons cueillir des palmes.

SIXAIN.

Je sais mieux que vous, Rioland,
Que chacun fait comme il l'entend.
La vertu d'aujourd'hui ne pese pas une once :
La cervelle de l'Homme est une pierre-ponce.
L'un va du blanc au noir, & du petit au grand ;
Un autre dans le jeu s'enfonce.

HUITAIN.

Je voudrois bien savoir pourquoi
Vous tenés en marchant, les deux poings sur le rable :
Croyés-vous que l'orgueil en foi
Ait quelque chose d'estimable ?

Dans Briſſac fuſſiés-vous Commandant pour le Roi ;
Si votre vanité vous rend inſupportable ,
Vous êtes, Rotharis, un Cheval de renvoi,
Qu'un Poſtillon mene à l'étable.

QUATRAIN.

Non, vous ne prendrés pas mes écus pour des fous :
Vous ne m'en ferés point accroire :
Je fuis meilleur Chiffreur que vous :
Je fais courre le Liévre, & j'entends le grimoire.

HUITAIN.

Puifqu'Ithobal nous traite à bouche que veux - tu ;
Il eſt juſte d'aller grand'erre.
Que chacun faſſe honneur à fon individu :
Empifrons-nous ; choquons le verre,
Juſqu'à ce qu'ivre mort, & couronné de lierre
Notre hôte fur nous foit fous la table étendu.
Face d'Homme porte vertu :
Tant vaut l'Homme, tant vaut fa terre.

QUATRAIN.

Lorfqu'on me vient tarabuſter,
Je mets tout en capilotade :
Les Poules, Lollien, m'apprennent à gratter ;
Avec les Singes je gambade.

DOUBLE-SIXAIN.

Après avoir dit votre avis,
Souffrés qu'à mon tour je babille :
Que vous importe, Mafcarille,
Que je prenne pour un rubis
Une graine de Cochenille ?
Pour du fatin noir du drap gris ?
Pour un Mont une roche, & pour Corbeil Paris ?
Une épingle pour une éguille ?
Une Tulipe pour un Lis ?
Un Pavot pour une Jonquille ?
Que chacun tonde fes Brebis,
Et qu'il ait foin de fa Famille.

QUATRAIN.

Lorsque je vous regarde, Accurse, entre deux yeux,
Je trouve que votre mérite
Ternit celui de vos Aïeux ;
Est plus noir qu'un cû de marmite.

DIXAIN.

Je ne me laisse point tirer les vers du nez.
Passés votre chemin, Guillaume ;
Mortellement vous m'ennuyés :
Votre entretien fade m'assomme.
Bien loin d'être un Diable en procès,
Vous êtes un pauvre Astronome ;
Un petit Godenot, une mite, un atome,
Si vous avés d'esprit assès
Pour pénétrer dans mes secrets,
J'irai le dire en poste à Rome.

HUITAIN.

Dercyllide soutient qu'au Sud tout comme au Nord,
C'est un plaisir plus doux que fiente d'Abeilles
Qu'une Femme à lévres vermeilles,
Qui proche de son Epoux dort.
Afin de faire voir que Dercyllide a tort,
Barclai du célibat raconte des merveilles.
En attendant qu'ils soient d'accord,
Je tiens le Loup par les oreilles.

SIXAIN.

Quoiqu'assez fréquemment je fasse le falot,
Je n'aime point les railleries.
La critique est de mon tripot :
C'est pourquoi j'ose mettre au rang des minucies
Les Opuscules de Marot,
Et de Cocquard les élégies.

QUATRAIN.

En vîteſſe le Cerf l'emporte ſur l'Elan:
On préfere l'Anguille au Congre.
La Sardine fuit le Merlan :
L'Etalon eſt plus fier, plus fort qu'un Cheval hongre.

SIXAIN.

L'un vaut bien l'autre prix pour prix :
Vous êtes deux gros réjouis ;
Mais vos têtes ſont mal timbrées.
Votre Frere, au rapport des perſonnes ſenſées,
Eſt un avaleur de pois gris ;
Et vous un avaleur de charrettes ferrées.

QUATRAIN.

Si vous ne ſongés pas à me faire un affront,
Que prétendés-vous dire avec vos hiperboles ?
Retirés-vous, je vous prie, Aramont:
Vous me peſés ſur les épaules.

HUITAIN.

Pour louer nos Héros, que de cris ſuperflus!
Pradon chantant Germanicus,
Fit aux neuf Sœurs une ſotte incartade :
Chapelain haut huppé Nourriſſon de Phébus,
En donnant la Pucelle, a fait une cacade ;
Et Mainvilers, Poëte des moins drus,
En compoſant la Pétréade,
N'offre à Pierre le Grand que de la caſſonade.

SIXAIN.

N'allés pas me dire, Bichon,
Qu'au printems vous avés l'éclat d'une tulipe
Qu'arroſe la ſource Aganipe.
Oui, vous n'êtes qu'une ſouillon
Dans la gargotte d'Apollon ;
Par tout ailleurs qu'une guenipe.

DIXAIN.

DIXAIN.

Vous aimés autant le tracas
Qu'aimoit les voyages Brantôme,
Et Chapelle les bons repas.
Vous aurés sans cesse, Pachome,
Plusieurs affaires sur les bras :
Vous ne vous corrigerés pas.
J'ai lû dans un vieil épitome,
Qui se trouve à la fin des Œuvres de Vargas,
Que jamais bon Cheval, non plus que méchant Homme
N'amenda pour aller à Rome.

QUATRAIN.

Vous n'êtes point, Safrax, digne de mon courroux;
Ni ne méritès mes louanges.
Dans les Etats du Turc vous feriés Chiaoux :
Vous êtes né pour les choses étranges.

HUITAIN.

Cérialis roi des magots,
Et grand forgeur de facéties,
Croit qu'au regard de lui les autres sont des sots;
De vrais inventeurs d'inepties.
Assignons-le donc aux tripots,
Aux plus viles hôteleries,
Où l'on n'entend à tout propos
Que mots de gueule & hableries.

SIXAIN.

Parce que je suis mal vétu,
Vous faites cas de moi comme d'une écrevisse :
Vindex, pauvreté n'est pas vice ;
Mais avoir un tas d'or, & manquer de vertu,
C'est posséder une immondice :
Un Richard tel que vous ne vaut pas un fétu.

Tome I.   T

QUATRAIN.

Quand nous avons affaire à gens ferrés à glace,
Jamais il ne faut mettre aux étoupes le feu :
Tirons notre épingle du jeu,
Avant que d'être dans la naffe.

HUITAIN.

D'un feul coup de pinceau voici votre paquet :
Dans les lieux où l'on joue aux quilles
Votre occupation, c'eft d'avoir l'œil au guet.
Vous Pancrace, & vous Gentillet,
Vous êtes deux bonnes chevilles ;
Je prétends dire deux bons Drilles :
L'un s'acoquine au cabaret ;
L'autre n'en veut qu'aux jeunes filles.

QUATRAIN.

Vous n'avés point des puftules au fein ,
Un froncle au bras, des chancres fur la langue ;
Un fquirre au foie, & dans l'aîne un poulain :
C'eft bien affez, Brennus, d'avoir la caquefangue.

DIXAIN.

Sannazar qui pourroit habiter un Château,
A pour cuifine un trou ; pour chambre une cellule :
Il fe plaît à manger fon pain fous fon manteau :
Il eft plongé dans la crapule.
Vous le voudriés voir fans macule ;
Vous lui faites toujours quelque Sermon nouveau
Pour qu'il changeât le laid en beau,
Et qu'il ne fût point ridicule.
Vous perdés votre tems : fachés, Ariftobule,
Que le Loup mourra dans fa peau.

QUATRAIN.

Vos habits valent moins que ceux de Diogéne,
Vous beuvés du vin plat, mangés du pain amer :
Quel plaifir pour vous, Cléoxene,
Si vous pouviés vivre de l'air !

SIXAIN.

Dès que l'Astre du jour rend vos vitres luisantes,
  Paruta, vous sortés du lit ;
Vous taillés votre plume, & mettés par écrit
  Des bagatelles amusantes,
    Qui sous des formes différentes
    Grossissent petit-à-petit.

DIXAIN.

Quoiqu'aussi ferme & fier qu'un jeune Agonothéte,
  Votre demande m'inquiéte.
Les Antiques souvent pour moi font des rébus ;
  Peu de chose est un Amulete :
  Tout Talisman un vrai bibus.
Ussai-je Kirker, Stosch, de Boze dans ma tête,
  Je serai muet, Harpalus :
Je ne vous dirai point ce que valent le plus
Ou les Pierres en creux qu'a décrit Mariette,
Ou les Antiquités dont a parlé Caylus.

HUITAIN.

  Je suis sec comme un pain d'épice,
Parce que je ne bois que du jus de limon,
  Mêlé dans du suc de réglisse ;
Vous êtes, vous plus gras qu'un Sous-Prieur d'hospice,
Parce que vous mangés force pieds de mouton,
  Cela veut dire, Morison,
Que vous êtes beaucoup entaché d'avarice,
Et que je suis très-fort entiché du poumon.

SIXAIN.

Vous faites chaque jour une vie enragée ;
Comus auprès de vous n'est qu'un petit berger :
Vous avés plus affaire avec le boulanger
  Qu'avec les Disciples d'Astrée.
    La cave est votre Prytanée ;
Vous ne vivés, Balmis, que pour boire & manger.

QUATRAIN.

L'un cherche un état doux, l'autre aime la fatigue :
Tous les doigts de la main ne se ressemblent pas.
   Votre Pere, Léonidas,
Etoit un ladre verd ; vous êtes un prodigue.

HUITAIN.

  Faisons de bois provisions,
   Avant que vienne la gelée ;
  Si nous sommes riches, songeons
   A mener une vie aisée
  Sans faire des profusions.
  Il ne faut point jetter, Timée,
  Son bien par dessus les maisons,
  Ni le manche après la cognée.

DOUBLE-SIXAIN.

  Vous êtes noble ; on le voit bien :
Vous avés des Chevaux ; plus d'un Chat, plus d'un
   Chien :
   Vous beuvés de la malvoisie ;
Votre table est toujours d'excellens mêts garnie :
  En habits vous n'épargnés rien,
   Et vous menés joyeuse vie.
Vous ne confondés point Perse avec Claudien :
   Quand vous êtes en Compagnie,
   Vous êtes de bon entretien.
Mais tous ces beaux dehors sont hérissés d'ortie
Votre front bourgeonné nous apprend, Zénobie
   Que vous traînés votre lien.

QUATRAIN.

  Vous dansés mieux sur notre Scéne
Qu'aux yeux des Grecs jadis les Graces ne dansoient :
Vous seriés, Tissapherne, un autre Démosthéne ;
  Si les gras de ambe parloient.

HUITAIN.

Un chou blanc ne vaut point la pomme de rambure;
Un Sapin l'Olivier, ni le Cédre un Cédrat.
Commode de haute ſtature,
Qu'aucun Romain peut-être en beauté n'égalât,
Avoit les défauts d'un Goujat ;
Pepin, tel qu'un roſier qui vient d'une bouture,
Les plus beaux dons de la Nature :
En bravoure ce Prince étoit un Goliath.

SIXAIN.

Vous êtes un foudre de guerre;
Vous avés fait du bruit autant que le tonnerre :
D'en tirer vanité pourtant vous auriés tort.
Quand vous ſerés cent pieds ſous terre,
Vous ne vaudrés pas un raifort :
Cochlée, un Chien vivant vaut mieux qu'un Lion mort.

QUATRAIN.

Au lieu de me chercher grabuge,
Cédés-moi le pas du Ryer ;
Ma nobleſſe vient du déluge,
Et la vôtre n'eſt que d'hier.

SIXAIN.

Tout proche de la fleur que nous appellons flambe,
Souvent ſe trouve un piſſenlit.
Tel ſous un bas de fil montre une belle jambe,
Qui n'a point une once d'eſprit.
Il faut avoir bien bû pour faire un dithyrambe;
Etre à jeun, Meſſala, lorſqu'on fait un Edit.

DIXAIN.

On dit que de tous ceux qui ſe mêlent d'écrire,
Vous êtes le plus renommé ;
Qu'amorcé par le lucre, & de gloire affamé
Vous écrivés tout d'une tire;

Qu'au poil comme à la plume étant un maître Sire,
Vous êtes en science un homme consommé.
A ces éloges-là je ne puis que souscrire :
Je vas plus loin ; je dis d'aise enthousiasmé,
Que de votre alambic, Ramire,
Il sort un corrosif qu'on nomme sublimé.

QUATRAIN.

Que vous sert-il d'être dans l'opulence ?
Vous n'en pesés, Dodart, pas deux onces de plus :
A vos repas vous mangés du lard rance ;
Du pain noir comme suïe, & beuvés du verjus.

HUITAIN.

Nous devons plaindre un peu notre ami Mégasthéne :
Ses deux Filles, Senault, n'ont pas encor d'Amans :
Toutefois la cadette a pour le moins vingt ans.
A les bien établir il aura de la peine ;
L'une aime à dépenser ; l'autre lit des romans.
Herimberge est une bégueule,
Qui croit que le babil dérive du bon sens :
Hyppodamie est sujette à sa gueule.

QUATRAIN.

Je suis savant, Nadal, peut-être autant que vous :
Je sais qu'à l'hameçon se prennent les bonites ;
Qu'on ne doit point sans Chiens faire la guerre aux Loups,
Ni devant les pourceaux semer des marguerites.

SIXAIN.

Je ne me nourris pas de pelures d'oignons,
Ni ne tire, Elmacin, ma poudre aux Oisillons
Je fais claquer mon fouët tout aussi bien qu'un autre.
Il n'étoit pas besoin de le dire, le Pautre ;
Depuis très-long-tems nous savons
Que vous êtes un bon Apôtre.

QUATRAIN.

Des Gens qui tournent tout en mal,
Rejettant contre moi les traits que mes mains lancent,
Difent que ma cenfure eft du vrai réagal :
Tant pis pour ceux qui s'en offenfent.

DOUBLE SIXAIN.

Un Stupide qui n'a pour meuble qu'un chalit,
Par régle & par compas penfe favoir tout faire.
Cette fatuïté que l'audace nourrit,
Eft ordinairement un vice héréditaire.
Meléagre en orgueil confit,
Quoiqu'il ne foit qu'un pauvre hére,
N'ait jamais eu le nez fur un dictionnaire,
Perpétuellement foi-même s'applaudit :
De fon voifin fous câpe il rit,
Et croit qu'un Homme débonnaire
Ne peut point avoir de l'efprit,
Fût-il chez Apollon plus fort qu'un Janiffaire.

HUITAIN.

Votre Mere étoit Turque à-coup-sûr, Salvien ;
Votre Pere Ethiopien.
Vous mérités d'avoir le beau nom de Mulâtre :
Quoique vous ayiés force bien,
Dans votre Maifon tout eft plâtre ;
D'un morceau vous en faites quatre ;
Vous n'avés ni chatte ni chien :
Chez vous rien n'eft fi froid que l'atre.

SIXAIN.

Quand je parcours de fens raffis
Les divers états de la vie,
Chryfoloras, je vois au travers des chaffis
Que les Gens du bel air ont un grain de folie ;
Et que tous les petits Efprits
Se laiffent aller à l'envie.

QUATRAIN.

Si l'Héréfie a des Héros,
Je vous eftime tel, Turnebe :
Vous pouvés vous vanter d'être fils de l'Erebe,
Dont le Pere fut le Cahos.

SIXAIN.

Rhymétalce, vous voilà riche ;
Vous avés plufieurs facs remplis de vieux écus :
Mais votre cervelle eft en friche ;
Autour du péricrane il forme un calus.
Vous êtes en tout fens moins docte qu'un Derviche ;
Plus fot que ne le fût l'Empereur Claudius.

HUITAIN.

Vous avés raifon, Théodofe,
De préférer votre rime à ma profe :
L'une coûtant beaucoup, l'autre n'étant que jeu,
Par conféquent marchandife de peu ;
C'eft pour dire au jufte la chofe,
Du mâchefer près d'un charbon de feu ;
Une églantine à côté d'une rofe ;
Proche d'un fil d'or un cheveu.

QUATRAIN.

Avons-nous verger, vigne ; une petite grange ?
Rempliffons-la de fruits, ferrons-y notre grain :
Nos raifins font-ils mûrs ? il faut faire vendange,
Boire quand on a foif, manger lorfqu'on a faim.

DOUBLE-SIXAIN.

Rien n'eft plus vrai qu'Onéficrite
S'adonne à la dévotion :
Je l'ouïs l'autre jour chez Knox le Caraïte
Faire cette exclamation ;

Efprits

Efprits pervers, Troupe maudite,
Qui m'abreuviés du fiel de l'Irreligion,
Vous excités mon indignation :
Partifans de l'Erreur, pour jamais je vous quitte.
Je crois que Carpocrate, Himenée, Ebion,
Bafilide, Cérinthe, Eufebe de Berite,
Pélage, Eunomius, Manés & Marcion
Sont les Nautonniers du Cocite.

DIXAIN.

Parmi certaines gens d'avarice entachés,
Qui fe paffent de Bible & de Vocabulaire
Je vois un tas d'Efprits bouchés :
Les uns fe font fi fort à leur fens attachés
Qu'un chef-d'œuvre eft pour eux moins que grains
d'un rofaire.
D'autres Chats-huants au contraire
Regardent, comme bien tournés,
Les Vers badins, ou plutôt bourfoufflés,
Qu'Horace accroupi dans fon aire,
Ces jours paffés reçut de la main de Voltaire.

QUATRAIN.

Vous ne diftingués pas le noir d'avec le brun;
Le moindre des tifons vous paroît une torche :
Vous reffemblés l'Anguille de Melun ;
Vous criés, Nymphodore, avant qu'on vous écorche.

DOUBLE-SIXAIN.

Je me moque de l'avenir :
Ne me croyés pas fi ftupide
Que d'enterrer des biens dont j'ai droit de jouir ;
Aux paffions, Conecte, on doit lâcher la bride :
Je prétends donc foir & matin courir
Après la joie & le plaifir.
Vous n'y penfés point, Parmenide ;
Combien de jeunes gens n'a-t-on pas vû mourir
Pour avoir voulu, comme Alcide,
Manger, boire & fe réjouir ?
De vos folles erreurs tâchés de revenir ;
La Jeuneffe fouvent fe perd faute de Guide.

HUITAIN.

Quoi ? parce que l'Hymen ne m'a pas bien servi,
Vous vous riés de moi comme on n'a jamais ri !
    Pour prendre de poil de la bête
    Et vous donner le paroli,
    Cléombrote, je vous souhaite
    Une femme avare, inquiette,
    Aigre comme un citron moisi ;
    Par dessus tout cela coquette.

QUATRAIN.

    Puisque les fers en sont au feu,
    Imprimons dans notre mémoire
    Qu'il faut batailler, dormir peu ;
    A petit manger beaucoup boire.

SIXAIN.

Si vous n'éprouvés point le sort de Marsias,
Vous pourriés bien périr comme Polydamas :
    Vous avés l'ame mercenaire,
    Le cœur aussi dur qu'un Corsaire.
Vous me faites pitié : vous êtes, Gorgias,
Au sein de l'abondance en proïe à la misére.

QUATRAIN.

Krantz, vous ne prenés point les loirs pour des lapins,
    Ni pour des pigeons les macreuses :
    Vous n'avés pas des vercoquins ;
    Mais des vapeurs fuligineuses.

DIXAIN.

    Vous êtes sur votre fumier,
    C'est-à-dire à la Tabagie,
    Plus fort qu'un Lion d'Hyrcanie :
En fumant du tabac autant qu'un Grenadier,
    Vous beuvés comme un Templier
Tantôt du vin de Necre ; & tantôt de Hongrie.

C'eſt tirer parti de la vie ;
En même tems c'eſt, Bertelier,
Fair une très grande folie :
C'eſt réjouir votre Héritier.

DOUBLE-SIXAIN.

Vous avés, il eſt vrai, du penchant pour l'étude ;
Outre cela beaucoup d'eſprit :
Tirés-en donc quelque profit ;
Faites réflexion, Plectrude,
Que ce monde eſt ſujet à la viciſſitude ;
Que l'orgueil nous abâtardit ;
Que la gourmandiſe apauvrit ;
Que l'amour des plaiſirs eſt une ſervitude,
L'avarice une turpitude,
L'envie un vice bas qui nos vertus ternit ;
Et le menſonge une habitude,
Qui nous aviliſſant nous ôte tout crédit.

QUATRAIN.

Parmi les Hommes ſóciables
Nous voyons, comme par un trou,
Que les plus vieux courent les tables ;
Les plus jeunes le guilledou.

SIXAIN.

Il n'eſt pas étonnant, Scevole,
Que l'on vous compare à Barthole :
Vous avés le don précieux
De ſavoir manier la plume & la parole.
Reſte à voir maintenant, ſi vos diſcours moîleux
Ne ſont point artificieux.

HUITAIN.

Quand vous mettés du vin en perce,
Avec vos amis vous beuvés
Juſqu'à tomber à la renverſe.
Bochard, lorſque vous écrivés,

Vous êtes un autre Properce :
Dans le facré Vallon vous avés bois & prés ;
Il ne vous manque plus que d'avoir une herfe,
Pour applanir les champs que vous enfemencés.

QUATRAIN.

Appion qui croit être un fecond Carnéade,
Va dès le point du jour faire le bel efprit :
C'eſt un ſi grand batteur d'eſtrade
Qu'il faut pour le trouver le prendre au faut du lit.

SIXAIN.

En Païs gras comme en Païs de fable,
On s'agace l'un l'autre, & l'on s'agacera.
On l'a dit, je le dis ; l'Avenir le dira :
Un Profeſſeur quelconque eſt un Homme folvable ;
Un Verſificateur un pauvre miférable ;
Un Pédagogue un cuiſtre, un fot, et-cætera.

QUATRAIN.

Je ne m'exprime point en paroles couvertes :
Vous n'êtes pas Pirrhonien ;
Nous devons feulement vous prendre, Emilien,
Pour une tête des plus vertes.

SIXAIN.

Je fuis colere autant que vous ;
Ne venés plus heurter, je vous prie, à ma porte,
Vous m'avés donné pluſieurs coups :
Je n'ai pas eû, Serbellon, la main morte.
La guerre doit être bien forte,
Quand l'Ours s'attaque à l'Ours, & fe mangent-les Loups.

DIXAIN.

Laiſſons courir l'eau ; tout coup vaille :
Que chacun fuive fon penchant.
Philoſtorge fe plaît à compter fon argent ;
Théophraſte à faire ripaille.

Un Coq qui gratte un tas de paille,
Aime mieux trouver, en grattant,
Un épi bien grenu que le plus beau Brillant.
Pour un Poulet, pour un Perdreau qui maille,
Pour le Sanfonnet, pour la Caille
Un grain de mil est un morceau friand.

SIXAIN.

Au moulin comme au four, non, vous n'êtes pas gruë:
Bien fin feroit celui qui vous feroit du tort.
Vous parlés bon françois ; vous avés, Cimabuë,
La démarche fiere, un beau port ;
Le jarret fouple, bonne vuë,
L'efprit pointu, le poignet fort.

HUITAIN.

On dit qu'aux yeux du Chef la Campagne paffée
Vous avés fait autant d'exploits
Que le Héros Thébain en fit à Mantinée :
J'en fuis bien aife, & je le crois ;
Mais auffi je fais, Dofithée,
Qu'en dépit de Mars maintefois
Les bouches de la Renommée
Mentent toutes cent à la fois.

QUATRAIN.

S'agit-il d'être charitable,
Vous êtes chiche, Arafpe, au fuprême dégré :
Faut-il dépenfer pour la table,
Tout y va ; la paille & le blé.

HUITAIN.

Vous dites d'un air defpotique
Qu'en fait de Poëfie, & de Métaphyfique
Vous valés au delà de ce qu'on peut valoir :
Et moi, Tyranion, je prétends faire voir
Que votre ftyle politique
Eft plus bas que celui de Philippe le Noir.
Vous n'êtes qu'un valet de pique
Avec tout votre grand favoir.

SIXAIN.

De même que la Tourterelle
S'enfonce dans le bois, & vole à tire d'aile,
Lorsqu'elle apperçoit le Faucon
Qui du haut des airs fond sur elle;
Tout de même, Timocréon,
Quand je vous vois venir, j'enfile la venelle.

QUATRAIN.

Hospinien, qui prend deux moutures d'un sac,
S'avise de parler des intérêts des Princes:
Mais sa science est des plus minces;
Il en parle ab hoc et ab hac.

SIXAIN.

Savoir choisir un texte, expliquer un mystère,
Retrancher les abus, tonner, toucher le cœur
N'est point une petite affaire;
On n'en sort guère avec honneur.
Vous aurés, Andronic, les talens de la chaire,
Si vous suivés les pas de Michel le Faucheur.

HUITAIN.

Tout ce que nous voyons ne vaut pas une ensuble;
Les Ris sans les Soupirs chez nous n'entrent jamais:
Le ridicule & le mauvais
Font un lien indissoluble.
Tel qui d'un capuchon s'afuble,
Auroit pû devenir un excellent Laquais:
Tel a sur le dos la chasuble,
Qui seroit un bon Porte-Faix.

SIXAIN.

Vous êtes né pour la bobine,
Et non point pour faire, Bernier,
Un grand abbatis de gibier.
Afin d'orner votre cuisine,
Mettés au croc la carabine;
Mélés-vous de votre métier.

HUITAIN.

Vous penſés donc, Sainte Nitouche,
Avec votre mine farouche
A mon Amour faire dépit ?
N'eſpérés point que je prenne la moûche :
Vous êtes une autre Judith ;
Auſſi quand je vous vois, l'eau me vient à la bouche :
Mais vous avés ſi peu d'eſprit
Que lorſque vous parlés, je ſuis comme une ſouche.

SIXAIN.

Un crible a quantité de trous ;
Le cœur de l'Homme bien des târes.
Dans le Monde on voit pluſieurs mares,
Et tout autour différens houx ;
Pour un Philoſophe vingt Foûs ;
Pour un Prodigue trente Avares.

QUATRAIN.

Clodion qui ſe croit plus diſert que Greſſet,
Eſt auſſi ſérieux dans le genre comique,
Qu'eſt badin le vieil Aroüet
Dans ſon teſtament politique.

DIXAIN.

Ne croyés pas pouvoir ruiner mes deſſeins ;
Je me ris de vous, Miltiade :
Non, ce n'eſt pas vous que je crains ;
J'ai découvert votre embuſcade.
Euſſiés-vous les nerfs d'Encelade,
Je vous mets au nombre des Nains.
Bien loin de battre la chamade,
Je brûle d'en venir aux mains.
Lorſqu'on me donne un tour de reins,
Je ſonge à donner l'eſtrapade.

SIXAIN.

Vous ne me tiendrés point, Blondel, le bec en l'eau:
Je connois toutes vos fineſſes;
Pour avoir un citron, vous donnés un porreau.
Vous faites de grandes promeſſes:
Et ſi-tôt qu'il s'agit d'entâmer vos richeſſes,
Vous n'avés ni pain ni couteau.

HUITAIN.

Sur ce qu'Harpagon dit ne prenons point le change:
Moquons-nous-en lorſqu'il ſoutient
Qu'en vivant de régime à vieilleſſe on parvient;
Qu'il ne faut pour régal qu'une écorce d'orange.
Pourquoi vivrois-je comme un Ange?
Comme un Caméléon qu'une mouche entretient:
Philolaüs, qui perdrix mange
Peut compter que perdrix lui vient.

QUATRAIN.

Comme aux murs s'attache le lierre
Pour en unir les inégalités,
Ainſi votre Muſe, Cipierre,
S'accroche à des frivolités.

DOUBLE SIXAIN.

Puiſque me voici ſur la roche,
Sous laquelle eſt conſtruit l'Arſenal d'Apollon,
Il faut que contre vous je pointe le canon;
Il faut que je vous donne encore une taloche
Avec un coup d'eſtramaçon,
Qui vous friſant le nez, vous fende le menton.
Je vois, lorſque je prends ma lunette d'approche,
Que de votre moulin, Biton,
Il ſort peu de farine, & quantité de ſon:
Je vois que votre Euterpe cloche.
Vous ſaviés autrefois jouer du violon;
Vous raclés maintenant les cordes d'une poche.

QUATRAIN.

QUATRAIN.

Il ne faut point que par dépit
Nous arrachions toute la haie,
Quand l'Epine-vinette accroche notre habit :
Débander l'arc ne guérit point la playe.

SIXAIN.

Si Loisel dîne mal, il fait de bons soupés.
Au Parnasse sa plume est sans cesse occupée.
Il grimpe comme un Chat sur chacun des sommets
Autours desquels vole la Renommée.
Ce Savant intrepide & des plus haut huppés,
Sait sur le bout du doigt la Légende dorée.

HUITAIN.

Vous êtes chez Plutus, Vancléve, un Matador :
Des ruisseaux toujours clairs arrosent vos prairies.
Vous n'allés à vos métairies
Qu'en bas de soïe & chapeau de Castor.
Vous portés dans vos Armoiries
De gueules aux trois besans d'or.
L'histoire du Grand Roi Nabucodonozor
Se trouve en petits points sur vos tapisseries.

DIXAIN.

Vous pensés, Marsile Ficin,
Etre le Prince des Poëtes :
Si l'on en vient à des enquêtes,
Par les fleurs de votre Jardin
Au juste on saura qui vous êtes.
Ce qu'on voit de plus beau dans votre Boulingrin,
Ce sont quelques pieds-d'alouettes
Jaunes, blancs, violets, d'un rouge incarnadin ;
Des pavots d'un œil purpurin,
Des œillets d'Inde & des clochettes.

QUATRAIN.

Tout le monde vous croit, Sirmond,
Plus libéral qu'un Chef d'Escadre ;
Et moi qui vous connois à fond,
Je dis que vous êtes un ladre.

DOUBLE-SIXAIN.

Je fais la sauce d'un ragoût
Tantôt épaisse & tantôt claire :
J'épice ; & votre ministère
Ne s'étend pas jusques au goût.
Vous devés devant moi, Protére,
Chapeau bas vous tenir debout ;
S'il sort de votre bouche un venin de Vipére,
Dans les veines le sang me bout :
Ne vous avisés point d'émouvoir ma colére ;
De l'Abeille aisément le Frélon vient à bout.
Un Cuisinier peut dire tout ;
Un tire-lardon doit se taire.

QUATRAIN.

A tout bon entendeur salut :
Ce beau dicton nous dit, Farnabe,
Que votre Muse a le scorbut,
Et que vous êtes un arabe.

SIXAIN.

Ce sont des paroles en l'air
De nous dire avec hardiesse,
Gélon, qu'étant issu de Jule Scaliger,
Vous prenés le chemin qui mene à la Grandesse.
Pour moi, je ne vois pas bien clair
D'où peut venir votre noblesse.

QUATRAIN.

Vous croyés être, Artaxias,
Plus éclairé que Ceux qui portent une mitre ;
Surpasser en vertu les Epaminondas :
Mais à dire le vrai vous n'êtes qu'un belître.

HUITAIN.

Vous êtes, Anaxarque, au nombre de ces fous
Qui prennent un boudin pour une mortadelle,
Les pastenades pour des choux :
Puissiés-vous être mis dans la boîte aux cailloux,
Ou sur un roc en sentinelle !
Tout Homme qui ne sait jouer qu'à la merelle,
N'est propre qu'à river des cloux,
Et qu'à faire quelque libelle.

SIXAIN.

Vous n'avés jamais craint ni Houssarts ni Spahis;
Vous êtes brave, Clitomaque :
Vous avés pistolets, sabre, épée & fusils.
Vous venés de race Cosaque ;
Vous changés souvent de logis,
Et vous savés tourner casaque.

HUITAIN.

Depuis Revel jusqu'à Cochin
On ne trouve dans le chemin
Que des coques de noix, que pelures de pomme;
Que rochers escarpés, que des pruniers sans gomme.
Tel ne sait ni grec ni latin,
Qui tranche à Paris du grand homme :
Tel fait le Docteur à Berlin,
Qui ne seroit qu'un cuistre à Rome.

QUATRAIN.

A la place du Roi Cyrus
Substituer un Artaméne,
C'est prendre Esope pour Brutus ;
C'est mettre au lieu d'un Tigre un Crapaud sur la scène.

DIXAIN.

J'aimerois mieux, difoit un Poëte Gafcon,
De cuifine en cuifine aller tourner la broche ;
Creufer une citerne à grands coups de pioche
Que de faire des Vers en dépit d'Apollon.
Il eft vrai, lui répondit-on,
Que vous avés, Baroche,
Beaucoup de feu dans la caboche.
Oui, votre Mufe a du renom :
Elle eft la Fille d'Eraton ;
Mais elle l'eft du côté gauche.

SIXAIN.

Il s'en faut de beaucoup que j'atteigne au favoir
De Grégoire, celui qu'on nomme Thaumaturge ;
J'ai toutefois d'affez bon yeux pour voir
Que vos Ouvrages, Beaumanoir,
De plufieurs acretés ont befoin qu'on les purge,
En attendant le poliffoir.

QUATRAIN.

Si j'ai la tête un peu pefante,
Vous êtes, Sigifmond Carré,
Un véritable Corybante,
C'eft-à-dire un évaporé.

DOUBLE-SIXAIN.

C'eft fort bien, lorfqu'on va voyager à la Chine,
De compiler les Loix, les Arts, la Difcipline,
Les Coutumes, les Mœurs de ce riche Païs :
Telle relation vaut mieux qu'une Almandine,
Qu'un Grenat Surien, que le plus gros Rubis.
Mais un Etranger qui bouquine
Sur les divers Quais de Paris,
Parle avec quelques Beaux-Efprits,
Vante leur meuble, leur cuifine,
L'élégance de leurs Ecrits,
La profondeur de leur Doctrine ;
Un tel Voyageur, dis-je, eft digne de mépris.

HUITAIN.

N'allés point croire que je réve,
Lorsque j'assure, Gosselin,
Que vous êtes un Patelin
Digne de la Bastille, & de mourir en gréve.
C'est Laverne qui vous éleve,
Vous filés votre corde avec du fil de lin ;
Vous périrés un beau matin :
Il faut avec le tems que l'apostume crève.

SIXAIN.

Qu'avés-vous à rire de moi ?
Suis-je un Ogre, un Antropophage ?
C'est bien vous plutôt, Hermentroi,
Qui grommelant comme un Sauvage,
Nous apprenés par ce langage,
Que vous n'avés ni foi ni loi.

HUITAIN.

Hola hé, quelle pétulance !
Halte-là, Seigneur banneret :
Boscager, en fait de science
Vous n'en êtes qu'à l'alphabet.
Tréve de votre impertinence ;
Gardés-vous de recommencer :
Un Talapoin peut offenser,
Sans qu'il soit permis qu'on l'offense.

QUATRAIN.

En hiver, Théodecte, épargnés votre bois :
Allés nud ; conservés vos habits, votre linge.
En été beuvés chaud, mangés vos mêts tout froids ;
Je ne ferai point votre singe.

SIXAIN.

Vous regardés avec dédain
Les plaifirs que Venus dans fon Ile fait naître.
Vous n'avés jamais eu pour Maître
Ni le Pere Liber, ni l'amoureux Sylvain :
Vous êtes, Amedée Alain,
En cas d'amour un pauvre Prêtre.

QUATRAIN.

Vous avés été Revendeur ;
A préfent au Chili vous avés plufieurs forges :
Vous ne pouvés, Lolhard, que faire bien vos orges ;
La balle cherche le Joueur.

SIXAIN.

Non, non, par vos fourdes pratiques,
Et par vos procédés obliques
Vous ne me ferés point échouer fur un banc :
Je faurai vous montrer le flanc.
Vos fineffes, Verrés, paroiffent toutes nuës :
De fil blanc elles font coufuës.

QUATRAIN.

Les Lettres qu'Epifcope adreffe à fes Amis,
De l'Orateur-Romain effacent les Epîtres :
Elles brillent, comme à Paris
De la Sainte-Chapelle on voit briller les vitres.

HUITAIN.

Je ne fais à quoi vous fongés :
Vous avés pris pour vous, Vatable,
Des mots piquans que j'ai lâchés
Chez Comus & Momus au fortir de la table.
Je le jure par Rabelais,
Votre honneur en reçoit une tache notable :
Lorfqu'on s'applique pareils traits,
C'eft figne qu'on fe fent coupable.

SIXAIN.

Votre raisonnement me paroît bien cornu :
A la grappe vous avés mordu ;
N'appréhendés point que j'y morde.
Je sais depuis long-tems, Bautru,
Que dans la Maison d'un Pendu
Il ne faut point parler de corde.

QUATRAIN.

Vous aimés mieux manger du gland que des marrons ;
Vous n'êtes qu'une buse, Hipparque :
Vous avés cependant les deux bras assez longs,
Pour conduire bien votre barque.

SIXAIN.

Rarement voyons-nous que les Bohémiens,
Les Juifs, les Usuriers Chrétiens
Succombent sous le poids de longues maladies.
Ce sont des ames endurcies :
Ils se croiroient perdus, s'ils employoient leurs biens
A faire quelques œuvres pies.

HUITAIN.

C'est d'un sac mouillé se couvrir ;
C'est avoir l'esprit court, ou plutôt la berluë,
Sur ses talens de s'étourdir.
S'il est vrai qu'on ne soit pas gruë,
En soi-même on doit discourir ;
Ne faire rien à-boule-vuë.
Ce n'est point, Piscator, le tout que de courir,
Il faut de bonne heure partir.

DIXAIN.

Ne parlons pas ici d'orgueil ni de lésine :
Bien que je sois un Prestolet,
Laissés-moi faire, s'il vous plaît,
Votre portrait à la sanguine.

Outre des tas d'argent vous avés, Bartholet,
Quelque peu d'éloquence, une grande routine,
Les nerfs bons, les reins forts ; du poil à la poitrine
Autant & plus qu'un Argoulet.
Si vous étiés de l'espece canine,
Vous feriés, je l'avoue, un terrible Barbet.

DOUBLE-SIXAIN.

Quand je monte fur mon eftrade,
Je vois que toute peau n'eft pas du marroquin.
L'Amitié ne fait plus ce que c'eft qu'un Pilade :
On prend du chanvre pour du crin ;
Et pour faire une pafquinade,
Toujours le plus méchant chemin.
Tout eft pitoyable & mefquin :
L'un de fa jambe fait parade,
L'autre de fon nez aquilin.
Le bel air, c'eft le ton badin :
Nous nous glorifions d'une turlupinade ;
Ici c'eft un Pédant, là c'eft un Arlequin.

QUATRAIN.

Quoique je ne fois rien qu'un fimple Serre-file,
Je penfe comme vous qu'en fait on peut pofer
Qu'il eft, Anaxidame, encor plus difficile
De prononcer les Vers que de les compofer.

DIXAIN.

Je me moque de vous & de votre naiffance.
Vous êtes, je le crois, de bon eftoc, Kuhlman ;
Mais vous voila dans l'indigence.
Vous portés en hiver un mauvais balandran ;
Votre habit n'eft que de bougran :
Vous êtes paîtri d'ignorance.
Sans faire ici le capitan,
Je mérite d'avoir fur vous la préférence :
J'ai du favoir, de la finance,
Bon fens, beaucoup d'adreffe ; & je fais le trantran.

QUATRAIN.

QUATRAIN.

Pour ne point fe remplir de matiere fécale,
Boffranc foupe très-peu, quoiqu'il ait mal dîné :
Sa méthode vaut mieux qu'aucune eau minérale ;
 Il évite par là les prifes de fené.

SIXAIN.

 Ne croyés point qu'Anaximéne
Se laiffe fur le dos, Guyon, manger la laine :
Quand on l'attaque, il eft fort comme un Bœuf.
 Il fait que trois fois trois font neuf :
Jamais il n'a fon couteau dans la gaine ;
C'eft un Savant qui tondroit fur un œuf.

QUATRAIN.

Défaites-vous de votre humeur chagrine :
 Songés qu'il fe prend, Forcadel,
 Plus de moûches avec le miel
 Qu'avec de la térébenthine.

HUITAIN.

 Contre Petit & Saint Amand,
Pour avoir fait Paris & Rome ridicules,
L'Italie & la France ont publié des bulles.
Puifque votre venin eft encore plus grand
Que celui des Crapauds qui font en Groenland,
Et que l'on peut vous mettre au rang des Tarantules,
Le moins, c'eft de vous voir par Nemefis, Tolland,
 Claquemurer dans fes cellules.

SIXAIN.

 Après les garces vous courés,
Comme un Cerf aux abois court aux ruiffeaux pour
  boire :
 C'eft une tache à votre gloire.
Encore quelques pas, Cherile, & vous aurés
  Une place au grand refectoire,
  Où Pluton régala Cerés.

QUATRAIN.

Chacun parle un jargon; l'Ane brait, Dictys brâille:
Le Chien aboïe, & le Cheval hennit;
Le Chat miaule, & le Lion rugit,
La Grenouille coasse, & la Femme criaille.

HUITAIN.

Quoique Disciple de Bacquet,
Il se peut bien que je m'abuse:
Oui, j'aime mieux mon flageolet,
Guarnel, que votre cornemuse.
Le moindre brin de serpolet,
Cueilli sous le roc de Vaucluse,
Vaut cent fois plus que le muguet
Qui croît sur le bord d'Arethuse.

SIXAIN.

Je ne disconviens point, Helpis,
Que vous n'ayiés un teint de roses & de lis:
Mais je sous-entends une chose;
Je dis (car j'aime à parler franc)
Que ce vermillon & ce blanc
Sont deux couleurs que votre main compose.

QUATRAIN.

Chantons à basse-note, & non point le dessus.
Par où le tison brûle il ne faut pas le prendre:
Laissons couver le feu quelque tems sous la cendre;
Pogge, à mal entourner on fait les pains cornus.

HUITAIN.

Pour avoir des morceaux que l'Antiquaire admire,
De mon argent je viens à bout:
J'achete au poids de l'or sur-tout
Les Médailles du haut Empire;
A l'aspect d'un Othon la cervelle me boût.
Lorsque je suis d'humeur à lire,
Préférablement à Zaïre,
Je lis la Henriade & le Temple du Goût.

SIXAIN.

On ne sauroit, Dulcin, me taxer d'indolence :
Pour mes Amis je me ferois brûler.
Je parle quand il faut parler :
Je fais pareillement observer le silence.
Ajoutés à ces mots, Maxence,
Que vous favés dissimuler.

DIXAIN.

Si-tôt que le Soleil chasse des Cieux l'Aurore ;
Qu'il darde sur moi ses rayons,
J'ai comme des convulsions :
Après avoir bien ri, le chagrin me dévore ;
Je passe de la joïe aux lamentations.
Le bonheur des Humains n'est qu'un petit phosphore :
Je ne vois que des Oisillons
Dans la voliere de Francflore ;
Sous le toit d'Asclépiodore
Que cancres & que cancrillons.

SIXAIN.

Parce que vous avés une Bibliothéque,
Vous croyés être aussi savant
Qu'Eumolpe, Epicure & Sénéque.
La lecture, il est vrai, rend l'esprit clairvoyant ;
Mais qu'est-ce que cela, Sanlecque,
Si l'on manque de jugement ?

QUATRAIN.

Vous ne gagnerés rien à me faire la guerre :
Je suis tout comme vous armé de pied en cap.
Vous êtes âpre au gain ; moi dur à la desserre :
La lisiere vaut pis, Démophon, que le drap.

SIXAIN.

Ce ne font point là des fornettes :
Il faut payer lorfque l'on doit ;
A tout le monde faire droit ;
Chommer toujours les grandes fêtes.
Qui bon l'achete bon le boit :
Quand on a de l'argent, on a des pirouettes.

DIXAIN.

Quoique vous couchiés gros au jeu,
Vous n'en mettés, Gilpin, pas plus grand pot au feu.
Non, vous n'en portés pas de plus belles chemifes.
Ne vantés point vos marchandifes ;
On n'y voit ni rouge ni bleu :
Tout ce que vous avés ne vaut pas un cheveu.
Vous n'aimés pas les friandifes,
Moins encore à tenter de grandes entreprifes :
Je vois que vous vivés de peu,
Et que vous êtes fait pour faire des fottifes.

HUITAIN.

Vous raifonnés faux, d'Albenas ;
Votre efprit eft fans ceffe enfoncé dans les nuës.
Pour des Héros Chrétiens vous prenés les Yncas,
Pour des Elephans les Tortuës,
Les Loirs pour des Caftors, Les Furets pour des Chats.
Les Chauve-Souris pour des Gruës :
Et moi, Valentin Varillas,
Je dis que vos difcours font des coquefigruës.

SIXAIN.

Vous touchés délicatement
Et théorbe & viole, & tout autre inftrument
Qu'avec la voix, Cléonyme, on accorde :
Mais lorfqu'on a jetté la pomme de difcorde,
Il arrive très-rarement
Que vous touchiés la groffe corde.

HUITAIN.

Votre Pere plantant des choux,
Et vous n'étant doué que d'une vertu mince,
Seigneur Ofiander, d'où diable tirés-vous
Votre titre de noble ? Eft - ce de quelque Prince ?
Cet anobliſſement (pardon ſi je vous pince)
Ne vaut pas trois feuilles de houx :
Vous le tirés du puits qui reçoit les égouts
Des eaux troubles de la Province.

QUATRAIN.

Lorſqu'Apollon s'amuſe à faire l'Armurier,
Les piéces qu'il rompt tu les foudes.
Tirer de l'arc, Tyndare, eft auſſi ton métier :
Le Vainqueur de Neſſus ne te vient point aux coudes.

SIXAIN.

Aux Lettres vous faites honneur ;
Ne vous relâchés point, Thadée.
Vous avés la plume d'Alcée ;
Vous étes Poëte & Jongleur :
Je ferois mieux de dire un ſublime Orateur,
Car vous parlés à la volée.

QUATRAIN.

Comme un Marchand-Joaillier ſubdiviſe le marc,
Ainſi l'Homme qui veut marcher ſur l'herbe verte,
Doit prendre au bond la balle ; avoir l'eſprit alerte,
Et pluſieurs cordes à ſon arc.

SIXAIN.

Tout ce que dit Thoas n'eſt pas mot d'Evangile :
Il a pourtant raiſon de ſe donner des airs.
Il me faut quinze jours, pour faire quatre Vers ;
Thoas eft beaucoup plus habile :
Dans une matinée il en compoſe mille ;
Qu'importe que le ſens s'y trouve de travers ?

QUATRAIN.

Vous croyés vos Ecrits meilleurs que les Volumes
Que firent les Morus, les du Boscs, les Daillés :
Le Pán qui plein d'orgueil se mire dans ses plumes,
Gélanor, ne voit point la laideur de ses piés.

HUITAIN.

Puisqu'aux Jeux Neméens vous savés que je prime,
Tâchés de m'avoir pour ami :
Si vous étes Chef de parti,
Dans la Salle de Mars je suis Maître d'escrime.
Ne m'allés pas faire un défi ;
A moi gardés-vous bien de vous frotter, Zosime :
J'ai l'épine du dos plus rude qu'une lime,
Qui n'a point encore servi.

SIXAIN.

Vous n'étes point taillé pour être Anacorette ;
Vous n'imités point Saint François :
Plus rapace qu'une Chouëtte,
Vous lésinés en tapinois.
Biard, depuis long-tems votre horoscope est faite ;
Vous mourrés riche, & sec comme un morceau de bois.

QUATRAIN.

Ceci n'est que trop véritable ;
A la honte du Genre-Humain,
Les injures toujours s'écrivent sur l'airain ;
Tandis que les bienfaits sont écrits sur le sable.

SIXAIN.

Quoiqu'en termes pompeux Boileau l'ait déja dit,
Je vous le répéte, Trophime :
Soit qu'il s'agisse d'un Ecrit
Polemique ou badin, pastoral ou sublime,
Ne courons pas après l'esprit ;
Encore moins après la rime.

QUATRAIN.

Pourquoi me faire ce détail ?
Vous parlés aux rochers, Procope :
Dieu béniffe votre travail ;
C'eft la toile de Penelope.

DIXAIN.

Parce que de vieilleffe Afcalaphe eft chénu,
Vous en riés, jeune Thryphofe :
Quelque affaire qu'il vous propofe,
Contre fes fentimens vous tenés l'arc tendu ;
Et fa laideur en eft la caufe.
Sachés que l'âge à notre infçu
En Sagoüins nous métamorphofe.
Au Tems rien ne réfifte, excepté la Vertu :
Il n'eft point de fi belle rofe
Qui ne devienne gratte-cû.

QUATRAIN.

Vous êtes, Bomilcar, un Homme hétéroclite,
Propre à jouer des mauvais tours :
Un tireur de laine, un Lapithe
Auffi fubtil qu'un Singe, & plus brufque qu'un Ours.

SIXAIN.

Les Héros toujours prêts à faire des Vers tendres,
Mélinte, Mérindor, Mandane, les Sylvandres
Sont tout-à-fait dans le décri ;
Les Romans de la Scuderi
Ont été brûlés ; & leurs cendres
Mifes par Defpréaux fur le bord de l'Oubli.

QUATRAIN.

L'Empereur Hadrien étoit un Péderafte ;
Marc-Aurele un Prince éclairé :
Roquetaillade eft un Enthoufiafte ;
Volkelius a l'efprit mal timbré.

DIXAIN.

Quoique de race Israëlite,
De la Tribu de Benjamin ;
Que vous ayés été même un Archimandrite
Dans l'Hospice du Mont-Caffin,
Vous valés moins qu'un escalin.
Vous êtes un faux Maronite,
Mille fois pire qu'un Bramin ;
Je vous croyois un Musorite ;
Mais je vois, Ursace Studite,
Que vous êtes un Muserrin.

ALLÉGORIE.

Posté proche d'un Marécage
Derriere quelques vieux sureaux,
Un jour un Chasseur de Village
Ne voulut point tirer à de petits Oiseaux,
Parce que droit à lui descendoit un nuage
De Corneilles & d'Etourneaux.
Tandis que ces derniers agitoient les roseaux,
On vit un grand remu-ménage :
L'épouvante se mit dans le cœur des Moineaux
Qui craquetant du bec comme une Crecerelle,
Lorsqu'elle fond sur des mulots,
Imposérent silence à leurs hôtes nouveaux :
La peur devenant mutuëlle,
Tous s'enfuirent à tire-d'aile.

QUATRAIN.

Chacun doit faire la moisson
Si-tôt qu'il a le tems propice.
Il ne faut point laisser passer l'occasion.
Le Loup s'en va, pendant que le Chien pisse.

LA MARMELADE.

P E R E & Soutien de Ceux qui font aux Mufes chers,
O Vous, qui toujours équitable
Pefés Les OUvrages dIverS,
En épluchant les miens, foyés-moi favorable.
Si vous n'arrangiés pas mes Vers,
Que mon fort feroit déplorable !
Ce Huitain, Apollon, Pourriroit Au Travers
De tout ce que la France a de plus refpectable.

ACROSTICHE

Fait à la Naiſſance de Monſeigneur le Dauphin, né le 4 Septembre 1729, mort le 20 Décembre 1765

S urgeon de l'Amour pur, N Elc pour la Patrie,
E mbibés mon pinceau ; Z uancés mes couleurs.
A iv,fiés ma plume,... I mmortelle Afpafie :
O rnés de votre émail ... V ert & femé de fleurs,
L es fingularités......... Qu'offre ici Polymnie.

Tome I.

Mon Apollon Ravi, Ioïeux, Emerveillé

Pince de chaque main les cordes de fa Lyre.
Regrets, enfermés-vous dans un Antre ifolé ;
Ieux, Plaifirs innocens, exercés votre empire.
N'écoutons pas le bruit que font naître les Ris :
Couronnez de violiers, difons ; puiffent nos Lis
Etre encor trois mille ans fur leur Tige brillante
Sans diminution de leur beauté préfente !
Beautés, Graces ; danfés au fon de nos haut-bois :
En ce Jour l'ETRE SAINT, qui lance le tonnerre,

Dans des langes tiffus d'or & de fil chinois,
Enveloppe le Prince envoyé fur la Terre

Pour embellir la Source, où nous puifons nos Loix.
Ornement de ces Vers retouchés plufieurs fois,
Tiffe, épais & haut Tronc, étendés vos Racines ;
Ombragés ces bas Lieux de vos Rameaux touffus ;
Gravés-y votre Nom fur toutes les Collines ;
Nourriffés-y les Arts, le Savoir, les Vertus.
Entés de vos Jardins les Arbres inutiles ;

Replantés les fcions que pouffe l'Olivier :
Entouré d'Arbriffeaux & d'Arbuftes fertiles,
Immolés à la Paix la Palme & le Laurier.
Nouvel Aftre, qu'admire avec refpect la France,
Etincellant Dauphin, faffe à nos cris le Ciel

Defcendre fur ta Tête à flots fon influence,
Emaillant ton Berceau des rayons de fon miel !

Faunes, Rians Amours, Nymphes, Chantés Encore ;

En faifant retentir de riches & grands mots,
Lâchés de célébrer dignement le Héros,

Dont l'heureufe Naiffance, ainfi que fait l'Aurore,
Eclaire l'Univers tout rempli de pavots.

Nourrissons de Sylvain, qui joüés de la flûte,
Abattés les cloisons de vos Parcs caverneux :
Venés à nos Concerts avec la faquebute ;
Amphion veut ouïr vos airs mélodieux.
Rejettons du Murmure, Enfans tumultueux,
Rabaissés votre orgueil : pour vous vaine Dispute,
Eloignés-vous ; dormés, & n'ouvrés plus les yeux.

ACROSTICHE

Au sujet de la Campagne de 1735.

Ravissante Beauté.... Lumineuse Sapho,
Ouvrés-moi la carriere Où me conduit Clio.
Je veux peindre en petit Un Prince à diadême ;
Digne de nos regards, Illustre par Lui-même ;
Egalement Vainqueur Sur le Rhin, sur le Pô.

Fieres Divinités,... Qui nous rendés service,
Rangés en Escadrons... Vos Coursiers immortels :
Achevés votre Ouvrage : Il est tems qu'il finisse.
Ne laissés point languir Nos vœux continuels ;
Combattés pour Louis... Zélé pour la Justice ;
Et vous verrés la France Encenser vos Autels.

ACROSTICHE

Touchant la Paix faite en 1736.

Rentrés dans vos prisons, Louche Dieu des combats.
Opprobre du bon Sens ;.. Orageuse Bellone,.....
Jettés des cris aigus ;.. Votre thrône est à bas :
Détellés votre char ;.... Jupiter vous l'ordonne...
Effroyables Héros,.... Sanglans, poudreux Soldats,

LA CLINCAILLE

Fléchissés sous la main , Qui désarme vos bras.
Remplumés-vous ; regnés, Sentsnous mais desirables;
Aquilons enfantins , ... Joüés du chalumeau ;
Ne devenés ni fiers , ... Ni préjudiciables ;
Continués toujours , ... Zéphires agréables :
En soufflant sur la guerre, éteignés son flambeau.

ACROSTICHE

Mis au dessous du Portrait de LOUIS XIV.

Ce Prince qui polit. . . . . Les Mœurs & le Langage,
Gageoit le vrai Mérite ; . . . Obeïssoit aux Loix :
Retiroit de sa Force . . . Un insigne avantage ;
Avec le diamant. . . . . . . Insculpoit ses Exploits.
Ne le regrettons point ; . . Son Successeur tort sage
Devient de plus en plus . . Le Modelle des Rois :
C'est ainsi que le Calme ensevelit l'Orage.

ACROSTICHE

A l'occasion de la Paix concluë en 1737.

Ancien Nocher D'un Renom Éclatant ,
Heureux Mortel choisi pour rafermir la France ,
En Gerson permettes qu'un simple Etudiant ,
Reprenant l'encensoir de son mieux Vous encense.
C'est sur Vous que Thémis continuellement
Verse à seaux les tresors de la Jurisprudence :
Les interets des Lis sont dans votre balance ;
Et du Bonheur public vous etes l'Instrument.

.

Couvert du Bouclier qui défend la Couronne,
A fuir au fond des Bois Vous contraignés Bellone ;
Rendés vains ses efforts ; nous redonnés la Paix,
Doux fruit qui vient d'Enhaut couronner nos souhaits.
Intégre Cardinal, Fleury que je révere ;
Nestor intelligent, qui nous servés de Pere,
Agréés que ma Muse exprime en racourci
Les vœux que fait pour Vous mon cœur tout réjouï.

Déesses de la Gloire, ornés mes foibles rimes :
Et Vous, qui possédés les Sciences sublimes,
  Faites-Les Eclater ; Venés Régner Yci.

PETITS VERS

Relatifs à la seconde convalescence de Sa Majesté le Roi LOUIS XV.

CETTE Fille au teint noir, de salpêtre paîtrie ;
  Qui tient les ciseaux à la main,
    Et qui met toute sa furie
    A détruire le Genre-Humain ;
   D'intelligence avec l'Envie,
    Avoit ruminé le dessein
    De trancher le fil de la vie
D'un Roi qui sur les Cœurs est plus que Souverain.
  Mais LOUIS ce clément, ce généreux Monarque,
    Bien loin d'être sacrifié,
  Graces au Ciel, triomphe de la Parque :
    Puisse-t-il en être oublié !

DIXAIN

Composé le 17 Janvier 1768.

Fête-anniversaire de l'Auguste Naissance de Sa Majesté le Roi LOUIS XV.

Ma Muse, prenés part à la réjouïssance
De ce Jour plein de lustre & de magnificence :
  Dites d'un ton résolu ;
Puisse LOUIS tenir le timon de la France
  Aussi ferme qu'il l'a tenu !
Puisse-t-il à ses pieds voir le Vice abattu ;
Adopter pour toujours l'esprit de tolérance,
Par les illusions n'être jamais vaincu,
Croître en splendeur ; augmenter en puissance,
  Et vivre encore, autant qu'il a vécu !

DOUBLE-HUITAIN

Sur l'Inauguration de Sa Majesté le Roi LOUIS XVI, sacré & couronné à Rheims le 11. Juin 1775.

Les Ornemens Unis, Ineffable Sagesse,
Sont propres au dessein que je forme aujourd'hui :
En exauçant les vœux que mon cœur vous adresse,
Illuminés mon ame, & servés-moi d'appui.
Zéphirs qui dans ce tems redoublés votre haleine,
Eparpillés les fleurs, d'où découle le miel.

Réunis sous un dais, notre Roi, notre REINE
Ont reçu l'onction selon l'Arrêt du Ciel.
Incrustrés, Uranie, en or cet Acrostiche :

Donnés à mon Ouvrage un tour majestueux ;
Enchaffés-y par-tout des mots harmonieux.

Faites des Champs féconds de toute Terre en friche :
Régnés, Auguste Couple, un siécle & même deux !
Auteurs nés sur le Pinde, & dont la plume est riche,
N'approchés les neuf Sœurs qu'avec un air joïeux ;
CElébrés ce Grand Jour, qu'exalte aussi l'Autriche.

SIXAIN.

Sous vos yeux, Apollon,   L'ébauche un grand Tableau :
Equarrissés mes Vers...   Ombrés par le Caprice.
Charmant Peintre des mœurs, Souffrés que mon pinceau
Où fleurissent les Arts...   Eleve un frontispice ;
N'employant que le vrai... Pour exprimer le beau,
D'un Héros bienfaisant... Hazarde ici l'esquisse.

CROQUIS.

Secondés mon désir,...   Peste & sage Pallas :
En prenant la palette,... Ouvrés votre compas ;
Il faut de profil peindre Un Roi des plus splendides.
Menon, Cyrus, Camille,   Iphicrate, Bias,
Enée, Auguste, Ancus   Sont Ceux qu'il a pour guides.

QUATRAIN.

Vous méprisés Ranuce à cause qu'il est laid ;
Vous ignorés donc, Archimede,
Que du Brésil jusqu'en Suéde
Terre noire porte beau bled.

DIXAIN.

Quand sur notre visage est peinte la vieillesse,
Gardons-nous d'écouter les discours séduisans
de l'Hymenée & des Savans,
Qui se parent des fleurs qu'humecte le Permesse :
Philostrate, il faut être en sa verte jeunesse
Pour faire de beaux Vers, & de jolis Enfans.

AU COMMENTATEUR

De l'Ode nommée le Galimatias.

DOUBLE-DIXAIN.

Rude Censeur de tout Ecrit superbe,
Où régne la confusion ;
Où l'on voit pulluler parmi la mauvaise herbe
La ruë & le satyrion :
D'où vient que votre Esprit, tel qu'un Volcan qui fume
Avant que d'être flamboïant,
A mis en lumiere un Volume,
A dessein d'absorber l'écume
De certains Vers pompeux, Ouvrage de néant
Qu'un Battus de nos jours forgea sur son enclume ?
Votre dessein sans doute, en couvrant de sablon
Ces excrescences monstrueuses,
Qui déshonorent l'Helicon,
Est d'en faire pourrir les feuilles épineuses
Pour pouvoir entrer dans le rond,
Qu'au Palais de Momus traça l'Auteur profond
Des Ridicules Précieuses :
Vous prétendés par là, comme un autre Scarron,
Dessécher les sources bourbeuses,
Qui salissent les fleurs que cultive Apollon.

SIXAIN.

Qui vous a dit que ma musette
Ne valoit point votre épinette ?
Je me connois trop bien pour vous céder le pas :
Apprenés, je vous prie, Arcas,
Que douze cheveux de ma tête
Valent mille fois plus que les nerfs de vos bras.

HUITAIN.

HUITAIN.

Parlons fans fard : que devons-nous comprendre
Lorsqu'on dit que vos mains, Tetti,
Sont faites en chapon rôti ?
On doit par ces mots fous entendre,
(Sauf à vous à donner au monde un démenti)
Que vous prenés pour ne pas rendre ;
Qu'imitant les détours qu'on voit faire au Méandre,
Vous ferrés bien le poing, quand vous êtes nanti.

QUATRAIN.

La prodigalité peut avoir fon mérite :
L'avarice eft toujours l'antipode du bien.
Avec un Prodigue on profite ;
D'un Avare on ne tire rien.

SIXAIN.

De peur que de fon corps qui tient de la cloporte,
Quelque méchante odeur ne forte,
Outre que de fon nez diftile le petun,
Dans fa caffolette Mambrun
A de macis & d'ambre une mixtion forte ;
Sent de quatre pas le parfum.

HUITAIN.

L'Homme eft plus rétif qu'une Mule ;
Au lieu d'avancer il recule.
La fatigue c'eft fon plaifir :
Il broffe à travers champs foit dans la canicule,
Soit quand le froid fe fait fentir.
Auffi malheureux qu'un Faquir,
Il cherche, il furete, accumule,
Et meurt lorfqu'il croit bien tenir.

DIXAIN.

Je déteste les rimes plattes:
J'aime à faire des Vers d'un tour irrégulier.
Avec l'or je mêle l'acier ;
L'argent avec l'airain, les glands avec les dattes :
Tout de suite en vrai Flibustier
Je baille le chat par les pattes.
Apollon & l'Amour étant mes Dieux Penates,
Lorsque j'allume mon foyer,
Je ne brûle pour aromates
Que myrthe & feuilles de laurier.

DOUBLE-SIXAIN.

La fastidieuse Clélie,
Qui n'est ni bonne ni jolie,
Se donne de grands airs, parle d'un ton hautain
Depuis que son frere Valstein,
Qui sert dans la Cavalerie,
Est pourvû d'une Compagnie.
Je vous le dis confidemment,
Jamais malheur plus grand pour elle
Que son frere eût le Régiment !
Ce seroit fait de sa cervelle ;
Vous verriés immancablement
Qu'elle voudroit passer pour belle.

HUITAIN.

Bien loin d'être un fournois, un manant, un brutal
Vous êtes toujours prêt à rire :
Tucca, vous ne parlés point mal ;
Vous savés assez bien écrire.
Vous n'êtes pas un Bœuf, un Mulet, un Cheval,
Un Esprit-follet, un Vanpire ;
Mais sans vous faire tort chacun de nous peut dire
Que vous êtes un animal.

QUATRAIN.

Dans votre potager, Lefclache,
On ne voit ni melons, ni capres, ni fraifier;
On y trouve de la bourrache,
Et par-ci par-là du pourpier.

DIXAIN.

Je ne fuis pas homme, Apulée,
A me moquer de vous, ni de la barboüillée :
Je fais que vous êtes favant,
Modefte, fobre & vigilant;
Que vous êtes d'ailleurs un Difciple d'Aftrée
Auffi fage qu'intelligent.
Vous avés l'humeur enjoüée,
Le cœur droit, l'efprit pétillant :
Nonobftant tout cela j'ai bien peur qu'en mourant
Votre renom ne s'en aille en fumée.

HUITAIN.

Pour être à l'abri des revers,
On doit confulter fon étoile;
Sur la nature des éclairs
Ecouter Mallebranche, & recourir à Boyle.
Thevart, on ne fait pas les Vers
Auffi facilement qu'on ourdit de la toile :
Ne nous hazardons point à traverfer les Mers,
Si dans notre vaiffeau nous n'avons qu'une voile.

QUATRAIN.

Ce qui fait valoir vos Ecrits
Ce font, Cretin, les apoftilles :
En marge vous cités les Noodts, les Régis;
Autant de trous que de chevilles.

SIXAIN.

Quoiqu'on puiſſe compter ſur ſa chair pluſieurs cloux,
Berigardus eſt propre autant qu'une bouteille :
Il ne s'eſt jamais vû de poux.
Mais parce que Venus quelquefois la conſeille,
Sa Femme dont il eſt jaloux,
Lui met l'étrille au dos, & la puce à l'oreille.

QUATRAIN.

Seigneur Bondelmont de Griffars,
Ce n'eſt point charlatanerie :
Au tripot d'Apollon vous êtes un Jumars ;
Au païs des Eſcrocs un Chat de Barbarie.

DIXAIN.

L'Abeille (*) du Parnaſſe a-t-elle fait du miel ?
Brûlerons-nous des flambeaux de ſa cire ?
S'écrioit, en ſoupant un jour chez Podalire,
Hipponax qui vomit ſon fiel,
Dès qu'aux dépens du monde il s'ouvre un champ pour rire.
A force de voler de jardin en jardin
Cette Abeille eſt venuë à bout de ſon deſſein,
Parlons d'elle avec modeſtie :
De ſa cire on peut faire une groſſe bougie,
Et de ſon miel couvrir une croûte de pain.

QUATRAIN.

Si, lorſqu'on écrit, on veut plaire
Aux Eſprits les plus tranſcendans,
Il faut ſavoir bien la Grammaire ;
Ne s'écarter point du bon ſens.

(*) *Feuille volante qui a vû le jour à Berlin.*

SIXAIN.

Le Poëte Sofibe est de grande prestance :
Il a six pieds de Roi pour le moins de hauteur
Sur quatre de circonférence.
Comme en cela consiste à-peu-près sa valeur,
Devant vous, Bagophane, il doit baisser la lance ;
Bien que vous ne soyiés qu'un simple Escarmoûcheur.

QUATRAIN.

Croyés-vous donc que je me taise ?
Taisés-vous plutôt, Maldonat :
Ma Muse dort bien à son aise,
Et la vôtre est sur le grabat.

SIXAIN.

Quoique Diseur de fariboles,
Je ne suis point, Goulart, privé de jugement ;
Je sais ménager mes paroles :
Je puis vous le prouver démonstrativement.
Qu'ai-je à faire de vous ? Je veux voir de l'argent :
Salmeron, payés-moi mes quatre cens pistoles.

QUATRAIN.

On croit que Monantheüil est un Homme d'esprit :
On se trompe ; il en fait accroire.
Monantheüil lit beaucoup, & retient ce qu'il lit :
C'est donc un Homme de mémoire.

HUITAIN.

Vous écrivés toujours, Nason,
D'une maniere misérable :
Cela vous rend justiciable
Du grand Prévôt de l'Hélicon.
Il veut que sur le dos portant un sac de sable,
La tête nuë, en caleçon,
Devant le siége d'Apollon
Vous fassiés amende honorable.

DIXAIN.

Si nous sommes aux champs, Prideaux,
Durant la saison printaniere,
Quand le Soleil se couvre avec sa serpilliere,
Quand il tonne & qu'il pleut à seaux,
Mettons-nous dans une chaumiere
Parmi les Boucs & les Chevreaux.
Asseïons-nous sur nos manteaux
Vis-à-vis de la crémailliere,
En attendant que ces nouvelles eaux
S'en aillent troubler la riviere.

QUATRAIN.

Vous croyés être un Garcias :
Et vous n'êtes qu'un Allobroge.
Puisse la Parque, Gobrias,
Bien-tôt de votre nom grossir le nécrologe !

HUITAIN.

Vous savés ce que c'est que le point vertical ;
Votre Muse n'est pas, Phrixe, une peronelle :
Elle sait faire un madrigal,
Des tensons, une villanelle.
Vous avés la taille assez belle,
De gros sourcils, l'air magistral :
Vos yeux ont le feu du cristal ;
Mais votre crâne est sans cervelle.

QUATRAIN.

Vous êtes, Apollinaris,
Un véritable oiseau de proïe :
Vous faites aux yeux de Thémis
Du cuir d'autrui large courroie.

SIXAIN.

Le Monde affurément n'eft pas loin de fa fin :
Ce Siécle eft un tiffu d'actions déteftables.
Celui-ci de l'Afpic emprunte le venin ;
Cet autre enflé d'orgueil, infulte aux miférables.
De tous nos Ennemis, Gaulmin,
Nos plus proches Parens font les plus redoutables.

HUITAIN.

Le vice pullule en tous lieux :
On ne voit que coquineries.
Riches, pauvres, jeunes & vieux,
Tout eft fujet à des lubies.
Les hommes font fallacieux :
On devroit dans des écuries
Mettre les plus malicieux ;
Quelques femmes aux Repenties.

QUATRAIN.

Au jeu nous découvrons le naturel des gens :
Aux veines on connoît le marbre.
Une fille eft faite à quinze ans :
Le fcion le plus foible enfin devient un arbre.

DOUBLE-SIXAIN.

Vous m'avés dit plus d'une fois
Qu'il faut manger le fruit avant qu'il fe corrompe ;
Qu'en fon calcul un Avare fe trompe ;
Que tant qu'on a des dents, on doit caffer des noix :
Que lorfqu'on fait parler narquois,
On fait bien rejaillir fa pompe.
La force du Cerf, c'eft fon bois,
Celle de l'Eléphant, fa trompe ;
La vôtre confifte en vos doigts :
Les ongles de vos mains font crochus, Bordelompe.
Vous tirés mieux de l'arc qu'un Jongleur Iroquois ;
Prenés garde à la fin que la corde ne rompe.

QUATRAIN.

C'eſt, Carmilianus, aimer bien le clinquant,
Etre des louanges bien ivre,
De vous croire plus éloquent
Qu'Eber qui parle comme un Livre.

SIXAIN.

Vous ſecoüés la tête à ma barbe, Ulpien!
Ce n'eſt pas un trait de Chrétien.
Oui, je ſors de Ziſca Général des Huſſites :
Je ſuis noble ; & mon nom peut paſſer pour ancien.
C'eſt à cauſe que vous le dites,
Eſcobar, que je n'en crois rien.

QUATRAIN.

Avés-vous le bras fort comme un joüeur de boules ?
Vous vous piqués, Celſus, d'avoir le teint vermeil :
Vous vous mettés au lit, quand ſe couchent les poules,
Et vous n'avés jamais vû lever le Soleil.

DOUBLE-HUITAIN.

Vous n'êtes au prix d'Herſilie
Ni belle ni riche, Tullie ;
Mais au point le plus haut votre honneur eſt monté.
Divertiſſante en compagnie,
Vous n'avés pas l'air emprunté :
Vous entendés la raillerie ;
Vous faites les plaiſirs de la ſociété ;
Vous maniés l'éguille avec dextérité ;
Vous chantés avec mélodie.
Je parle ici ſans flaterie ;
Je vous le dis en vérité :
Vous brillés par votre génie,
Sur-tout par votre probité.
Soyés contente, je vous prie ;
L'argent vaut moins que l'induſtrie,
Et l'eſprit plus que la beauté.

SIXAIN.

SIXAIN.

Vous fulminés contre Galloche ;
Et lui se plaint de vous : l'un ou l'autre a raison.
Pour éclaircir l'affaire, attendons qu'il approche
De la grotte sphérique où demeure Apollon.
Qui s'en tient au bruit d'une cloche,
Lazzarelli, n'entend qu'un son.

QUATRAIN.

A la guivre d'argent vous portés de sinople,
Et votre tête porte, Hacket,
Ce qu'on voit dans Constantinople
A la pointe d'un minaret.

HUITAIN.

Vos yeux n'ont jamais eû dragon ni cataracte :
Vous savés mettre un point sur l'i ;
Par conséquent passer un acte.
Votre cerveau n'est pas compacte ;
S'il est vuide, il est bien crépi.
Vous n'êtes ni Santon, ni Gaure, ni Rabbi ;
Qu'êtes-vous donc, Théophilacte ?
Du Portique un membre pourri.

SIXAIN.

Quand on est rempli d'amour propre,
On imite les Courtisans ;
On va toujours à travers champs.
Lorsqu'on se sert d'un terme impropre,
On fait voir que l'on est peu propre
A briller parmi les Savans.

DIXAIN.

Nous connoissons à votre mine
Que vous êtes vif, Glapion :
Vous tenés plutôt du Lion
Que de la Martre Zibeline.

Vous avés le bec d'un Pinçon,
Les doigts tels à-peu-près qu'un oiseau de rapine.
Vous parlés Voiture & blason :
Vous n'êtes pas un polisson,
Ni sur un tas de bled homme à crier famine ;
Mais vous criés haro sans rime ni raison.

HUITAIN.

La fierté mal placée est une maladie,
Qui ne sauroit être guérie
Avec du storax de Ceylan :
Cette assertion établie
Par l'Inventeur de l'Alcoran,
Vous pourrés devenir, Rotan,
Ou Bacha de Caramanie,
Ou le Chef des Omras qui sont dans l'Indostan.

SIXAIN.

Vers le haut du Parnasse on ne voit que bruïeres :
Avant que d'y chasser aux bêtes carnassieres,
Evandre, achetés du sain-doux ;
Frottés-vous-en les reins, les poignets, les genoux,
Si vous ne voulés pas tomber dans des fondrieres,
Où hurlent mille loups-garoux.

QUATRAIN.

Vous dites qu'Aconce au cœur double,
Est un Arc-boutant du Barreau :
Je ne veux point voir de son eau ;
Je tremble qu'elle ne soit trouble.

HUITAIN.

De même qu'un clou chasse un clou,
De la haine de même on voit naître la haine.
Je me suis apperçu, Catrou,
Que, comme si j'étois un fou,
Ma préfence vous choque, & vous fait de la peine.
Et moi, Monsieur le Marabou,
De vous entendre je suis soû :
Quand vous parlés j'ai la migraine.

DIXAIN.

Quoiqu'il ne paffe point pour un Homme méchant,
Dans fon petit logis Datame
Fait autant de bruit qu'un Géant,
Qui d'une voix rauque déclame.
Pour un verre caffé de colére il s'enflame :
Il murmure, il clabaude à chaque bout de champ
Contre fa Servante & fa Femme.
Ceffés de faire le fendant ;
Il ne faut point chanter la gamme,
Lorfqu'on ne fait point le plein-chant.

SIXAIN.

Vous avés du favoir peut-être autant qu'Euclide :
Votre époufe reffemble à la Mere du jour:
Mais l'Himen par malheur vous a joüé d'un tour.
Votre Fils a la tête aride,
Et votre Fille eft, Simonide,
Un reméde contre l'amour.

HUITAIN.

Doüé des dons qu'avoit d'Efpenfe ;
Plein du feu dont brilloit Ramus,
Vous critiqués à toute outrance
Les Ouvrages d'Hyperbolus :
C'eft prodiguer votre fcience ;
C'eft s'attacher à des rébus ;
C'eft, ne vous en deplaife, Auxence,
Anatomifer un fœtus.

DOUBLE-SIXAIN.

De *Cirque* ou *d'entonnoir* qu'importe l'origine ?
Pourquoi chercher *chaleur*, quand je n'ai pour objet
Qu'un fimple *chauderon*, qui manque à ma cuifine ?
Là-deffus j'ofe mettre en fait
Que renvoyer les mots à leur propre racine,
C'eft devant la caverne où fe tient Mélufine,

Nous faire garder le mulet.
Sauf retractation je préfere, Platine,
Le Lexicon de Richelet
Aux deux In-folio, corps lexique complet,
Que quarante Messieurs de profonde doctrine,
Après un long travail enfin mirent au net.

QUATRAIN.

Dans le sacré Vallon, Vinache,
Vous n'avés pas un grand pouvoir :
Vous joignés à peu de savoir
Un style médiocre & lâche.

SIXAIN.

Vous n'êtes point absolument
Ce qu'on appelle un garnement :
Euphorbe, je vous rends justice ;
Vous n'avés que ce double vice :
Votre tête est pleine de vent,
Votre cœur fourré de malice.

HUITAIN.

Vous êtes presque universel ;
Vous pourriés de Momus être le Majordome :
Vous en savés plus que Brantôme,
Raillés mieux que Celui qui fit Pantagruel.
Aux Rabelais nouveaux envoyés un cartel :
Pasquin le mutilé, qui réjouït tout Rome,
N'est auprès de vous, Carbonnel,
Qu'un froid bouffon, qu'un vain fantôme.

SIXAIN.

Contre les Médisans, les Calomniateurs
Nous avons à lutter sans cesse.
Même au sein de l'Eglise on voit des Imposteurs :
Pour nous trahir on nous caresse.
Toujours des Hommes droits les Fourbes sont vain-
queurs ;
Tel nous jure amitié, qui bientôt nous délaisse.

QUATRAIN.

Vous volés plus haut qu'un Héron,
Lorsqu'il a jusqu'au bec pris de la nourriture;
Mais il faut convenir que vous êtes, Phaon,
Un Oiseau de mauvais augure.

SIXAIN.

Employer le vert & le sec
Pour du flux & reflux développer les causes,
C'est faire, Mascardi, trois choses;
C'est mettre deux points sur l'y grec;
C'est porter des chapeaux d'Harfleur à Caudebec;
C'est pêcher dans l'eau douce en hiver des aloses.

DIXAIN.

Digne Emule de Charondas,
Vous distingués l'autel d'avec une crédence :
On ne peut que faire grand cas
De vous & de votre science.
Des plaisirs vous savés tirer la quintessence :
Tous les jours de l'an, Tamiras,
Ne sont pour vous que jeudis gras;
Vous faites florés & bombance.
Vous n'êtes point du Païs d'adieu-sias,
Mais de celui de sapience.

QUATRAIN.

Vanmol est un fesse-Matthieu,
Un Esprit sombre, un Hypocrite :
On peut donc dire qu'il habite
Près de l'Eglise & loin de Dieu.

HUITAIN.

Vous avés tout au moins huit mille francs de rente;
Et moi, Grimoux, mes revenus
A peine montent-ils à cent cinquante écus.
Vous beuvés du vin d'Alicante;

Ma boiſſon n'eſt que du verjus :
Mais un quart de florin païant bien vos vertus,
Je regarde votre or comme de la fiente,
Et je crois près de vous être un Héraclius.

QUATRAIN.

Parce que vous avés force Louis en caiſſe,
Juba, vous tranchés du Marquis ;
Changés de ton : votre nobleſſe
Ne vaut point un maravedis.

SIXAIN.

Le Laurier-roſe a toujours ſon feuillage :
L'Avare la fureur d'amaſſer des tréſors.
On ne dompte un Cheval qu'en lui mettant un mors ;
Une Femme qui fait à la Nature outrage ;
Qui loge dans ſon cœur l'Injuſtice & la Rage,
Qu'en la livrant à ſes remords.

QUATRAIN.

Puiſque de rimer je me pique,
Et que ſur le Parnaſſe on vous a couronné,
Voici, Sébaſtien, l'éloge laconique,
Quand vous ne ſerés plus, qui vous eſt deſtiné.

EPITAPHE.

Sous ce marbre élégant ſont les os d'un Druïde
Dont l'eſprit étoit ferme, & la veine fluïde.

HUITAIN.

Ne prodiguons point le papier :
Plutôt que de courir il eſt bon d'aller l'amble.
Diſcourir, quand la Terre tremble,
Sur les vents ſouterrains, comme a fait Tiſſandier,

C'eſt parler en l'air, ce me ſemble :
C'eſt en bête enfler le caïer ;
Mettre bien des drogues enſemble,
Afin de nous faire bâiller.

QUATRAIN.

En fait d'eſprit & de ſageſſe
Ne parlons point de Lippoman :
Sa Maiſon n'eſt pas un Brélan ;
Ce n'eſt qu'un vrai Bureau d'adreſſe.

SIXAIN.

Clarck, puiſque vous avés le crâne des meilleurs ;
Que vous paſſés pour être auſſi bon Moliniſte
Qu'habile & fin Origéniſte,
Souffrés que je vous mette au rang des Enjôleurs ;
C'eſt-à-dire à côté de ce ſubtil Déïſte,
Dont le Livre traite des mœurs.

QUATRAIN.

Ne peſtés plus, Cardan, contre la Deſtinée :
Elle vous a coëffé, comme l'eſt un Vaneau.
Du feſton de l'hymen votre tête eſt ornée ;
Vous avés la Vache & le Veau.

HUITAIN.

Si vous prenés une femme, Mélampe,
Choiſiſſés-la de bonne trempe :
Qu'elle connoiſſe un peu Platon ;
Que ſon viſage n'ait ni dartre ni bouton ;
Que devant les plaiſirs jamais ſon cœur ne rampe.
Qu'elle ait l'allûre du Mouton,
Toujours de l'huile dans ſa lampe,
La peau douce comme coton.

QUATRAIN.

Toutes fortes de Gens compofent une Armée ;
De même, fi l'on eft Jardinier des neuf Sœurs,
Dans une plate-bande en ovale ou quarrée
Il faut que l'on cultive un grand nombre de fleurs.

DOUBLE-DIXAIN.

Qu'il me faille parler de bafe ou de volute,
De terraffe ou de boulingrin,
Je fuis très-fort quand je difpute :
J'ai de favoir un magafin.
Lorfque je m'exerce à la lutte,
Je n'ai pas peur qu'on me culbute ;
Je fuis plus ferme qu'un grapin.
Ne faifant rien qu'à bonne fin,
Je me diftingue de la brute.
Dès qu'il faut fonner le tocfin,
Je me fers d'une faquebute,
Dont le bocal eft large, & le fon argentin.
Après avoir fait une chûte,
Je me tiens fur mes pieds en moins d'une minute.
Je fuis fier comme un Mandarin
Que l'on promene en palanquin.
Bref, fans craindre qu'on me refute,
Je fais qu'on lit dans Xiphilin
Que tout ce qui vient par la flûte
S'en va droit par le tambourin.

QUATRAIN.

Chacun écrit à fa maniere :
L'un fait un pot-pourri, l'aûtre a le ftyle clair.
Ariftippe, en fuivant les pas de la Bruyére,
L'a fi bien imité qu'il nous doit être cher.

SIXAIN.

SIXAIN.

Que vous foyiés, Ifis, de taille mince ou ronde;
Une Naine, une Virago,
Une Laure, une Callifto,
Bonne ou méchante, brune ou blonde;
Si vous ne favés point le commerce du monde,
Vous ne valés pas un zéro.

QUATRAIN.

J'ai Bœufs, Mules, Mulets, Chevaux fins à l'étable,
Et force foin pour les nourrir :
Je vous entends, Vulfon ; mais le fort variable
Ne peut-il pas vous appauvrir ?

HUITAIN.

Ce que je fais, Carel, n'eft qu'une bagatelle :
De petits Vers femés, comme on feme des pois,
Ne valent point une affiette d'anchois.
Votre Mufe au contraire eft une Jouvencelle
Qui ne fe nourrit pas de noix :
Elle porte de la dentelle,
Et ne marche point de guingois ;
De forte qu'après vous il faut tirer l'échelle.

QUATRAIN.

Affembler de la rime en plufieurs pelotons ;
En faire un canevas rouge, bleu, vert & jaune,
C'eft pour tapiffer les maifons
Une étoffe à quatre fous l'aune.

DIXAIN.

De ma Race il eft vrai que je fuis le premier ;
Mais je pourrois de Mars commander les Phalanges.
Mes Armes, Brafidas, pour fupports ont deux Anges,
Une Couleuvre pour Cimier :
Mon Ecu fait en échiquier,
Renferme un chevron d'or, cinq pals & trois lofanges.

Je vous admire, Cotelier;
Vous êtes au dessus des plus grandes loüanges:
Vous avés l'air d'un Braconier,
Ou plutôt d'un Brûleur de granges.

HUITAIN.

Vous êtes le Pere aux écus;
Permettés toutefois qu'on vous lave la tête.
En épelant il est sûr, Pédaréte,
Qu'au lieu de bis vous dites bus:
La moindre chose vous arrête.
Allés dans un tripot dire des orémus:
Vous êtes une pauvre bête,
Un gros butor, & rien de plus.

SIXAIN.

Contre tout droit & raison Dante
Veut avoir le drap & l'argent.
Ici bas chacun suit sa pente:
L'un court après l'honneur; l'autre craint le Sergent.
Hals vit comme un grigou, quoiqu'il soit opulent;
Hulst fait passer son bien par une large fente.

DIXAIN.

Jusqu'à la folie, Asdrubal,
Vous aimés un Chien de Thuringe:
C'est pour lui toujours carnaval;
Il a le meilleur pain du Païs de Cominge;
Quelquefois des biscuits qu'on fait en Portugal.
Lorsqu'il a bû de l'eau, claire comme cristal,
Vous le faites frotter avec le plus beau linge.
Cet amour est impérial:
Caligula chérissoit un Cheval,
Et Néron étoit fou d'un Singe.

QUATRAIN.

On peut dire que Zamolxis
Est un Homme recommandable:
Ce Savant qui n'a point peut-être son semblable,
Jusqu'au cou se mettroit dans l'eau pour ses amis.

SIXAIN.

Plusieurs petits ruisseaux forment une riviere :
Chaque Abeille a son trou, pour y faire du miel :
La Fourmi de bons grains remplit sa fourmilliere.
L'un en style nerveux fait l'histoire du Ciel ;
L'autre touchant les mœurs ose entrer en matiere :
Valens farde l'étoffe, & Pluche est naturel.

HUITAIN.

Bien loin d'être du mât la vergue
Dans le navire d'Apollon,
Vous n'êtes qu'un simple aviron :
Votre esprit est cent fois plus sec que le Rouergue.
Si quelque Artiste un jour vous frappe un médaillon,
Il ne feroit pas mal de mettre sur l'exergue
Que vous nâquîtes, Guttembergue,
Sous le signe du Scorpion.

QUATRAIN.

Est-on jeune, à la nage on passe le Permesse :
Aux Virgiles du siécle on peut faire un défi.
Mais a-t-on atteint la vieillesse,
Dans un bachot de liége on flotte sur l'Oubli.

DIXAIN.

Traiter les gens de Turc-à-Môre,
C'est votre plus grande vertu :
Taisés-vous, chétive pécore ;
N'allés point me citer la boîte de Pandore :
Il ne vous convient pas de faire l'entendu.
Vous êtes un pendard qui trompés Terpsicore :
Vous avés été, Cao - Zu,
De la tarantule mordu ;
Vous mériteriés d'être au haut d'un sycomore,
Les manicles aux mains, par les jambes pendu.

LA CLINCAILLE

QUATRAIN.

Clémangis, vous êtes un ladre :
Le plus gueux des Topinambous,
Le moindre Mouffe d'une Efcadre
Fait meilleure chére que vous.

HUITAIN.

Ce n'eft point de l'hébreu, lorfque l'on dit, Marbode ;
Que vous êtes vieux comme Hérode.
Il eft sûr que vous reffemblés
Non pas au Poëte Héfiode,
Mais au Roi d'Egypte Menés.
Faites provifion de branches de cyprès :
Le fpectre aux bras de fer, tout autour de vous rode
Pour vous conduire ad Patrés.

QUATRAIN.

Vous n'effleurés que l'épiderme :
Vous ergotés fur des riens, Babelot.
Une Ile n'eft point Terre-ferme ;
Un Docteur comme vous eft un petit nabot.

SIXAIN.

Vous ne parlés que par enthoufiafme :
Vous faites plus de bruit que lorfqu'on fait chorus.
Que feroit-ce, Alcafar, fi vous n'aviés point l'afme ?
Vous feriés pire que Momus ;
Vous employeriés le farcafme,
Tant vous reffemblés à Clitus.

QUATRAIN.

Vous entrés bien dans le détail des chofes :
Vous favés Barrême par cœur.
Vous êtes, Perennis, un grand Calculateur ;
Que ne remontés-vous à la Caufe des Caufes ?

DOUBLE SIXAIN.

De tous Ceux que notre Age appelle bons Vivans,
Je vous crois l'un des moins galans.
Vous n'avés pas befoin d'herbes thériacales,
Ni qu'on vous aiguife les dents.
Vous criés comme les cigales ;
Avec la différence, Altemps,
Qu'en vous fervant de termes fales,
Vous faites du bruit en tout tems.
Je fuis lâs de vos bacchanales ;
Allés-vous-en loin de céans :
Vos récits les plus importans
Ne font que quolibets des halles.

QUATRAIN.

Vous n'êtes point un débauché :
Vous avés feulement, Adolfe,
Le cœur au jeu, l'efprit bouché ;
Et le gofier plus grand qu'un golfe.

HUITAIN.

Que vos talens font beaux, Huffein !
Parmi les gens lettrés vous êtes un Spanheim :
A l'afpect d'Apollon votre verve s'enflame.
Vous favés faire une épigramme,
Un fonnet en un tourne-main.
Ce qui vous rend digne de blâme,
C'eft que vous êtes un vilain,
Un Tartufe, une fauffe lame.

QUATRAIN.

Chacun a fa méthode, Auzout :
La vôtre eft de chanter & vuider la bouteille.
Oui, le bon vin flatte le goût :
La mufique charme l'oreille.

SIXAIN.

Comme la gloire femble exciter vos défirs,
Vous n'avés dans le cœur point de vilaines târes :
Quand foufflent fur vous les Zéphirs,
On ne voit fous vos pas que les fleurs les plus rares.
Columella, l'argent, les jeux & les plaifirs
Se trouvent être vos Dieux Lares.

DIXAIN.

Songés à votre guérifon :
Vous avés une toux fort féche,
Qui ne vous promet rien de bon.
Vous portés un arc, mais fans fléche :
Votre feu n'eft qu'une flamméche :
Vous n'allés jamais, Alcméon,
A la Meffe non plus qu'au Prêche.
Vous n'êtes qu'un vrai myrmidon ;
Qu'un Homme tout-à-fait revêche,
Entiché d'héréfie autant que du poumon.

QUATRAIN.

On ne peut voir chez vous ni verd ni couleur bleuë:
Vous n'avés ni moutons ni bœufs.
Vous tirés, Mazzoni, le diable par la queuë ;
Cléophante pond fur fes œufs.

SIXAIN.

Les Filles ont leur tems comme la marjolaine :
Leurs charmes font bien-tôt diffous.
Pour une qui trouve un Epoux,
Il en eft une cinquantaine
Qui pour avoir fait les yeux doux,
Au coin du feu montent en graine.

QUATRAIN.

Puifqu'il fait cher vivre aujourd'hui ;
Que nous ne pouvons pas faire la rocambole,
Mettons le cure-dent, Goudimel, dans l'étui :
Pouffons le tems avec l'épaule.

HUITAIN.

Bien que je fois fur le retour,
Je puis vous affurer, Monime,
Que je penfe à vous nuit & jour.
Si devant Cupidon j'ai fait le Pantomime
Lorfque Venus tenoit fa Cour,
Souffrés qu'en termes clairs maintenant je m'exprime:
Vos yeux, vos agrémens m'ont donné de l'amour ;
Vos belles qualités font que je vous eftime.

DIXAIN.

vous ne naquites point, Mainfroy, fous le Verfeau :
Votre fort c'eft de boire, & de faire grand'chére.
Vous n'êtes pas un pauvre hére ;
Vous avés une Terre avec un vieux Château.
La cuifine eft votre Bureau :
Vous y faites toujours un feu de réverbere.
Vous créverés dans votre peau :
Nous favons par votre Bouchére
Que vous graiffés votre mufeau,
Comme on efpalme une Galére.

QUATRAIN.

Dans le Vallon fleuri, qu'arrofent les neuf Sœurs,
Ofman, plus que l'œillet votre mérite brille :
Au fallon des Beaux-Arts vous broyés les couleurs ;
Au haras d'Apollon vous maniés l'étrille.

SIXAIN.

Agapenor eft un Homme charmant :
La lumiere en fa chambre à peine eft-elle éclofe,
Qu'il fait cirer, frotter ; & lui-même il arrofe :
Tout reluit jufqu'aux gonds dans fon appartement.
Il faut bien qu'il fe donne un tel amufement,
Puifqu'il ne fait faire autre chofe.

HUITAIN.

Vous aviés autrefois l'embonpoint qu'eût Atlas :
Mais pour avoir pris vos ébats
Avec une jeune Héroïne,
Auſſi ſaine que Meſſaline,
Vous n'êtes plus qu'un échalas.
Auſſi voit-on à votre mine
Qu'au riſque de paſſer le pas,
Vous avés, Boccalin, paſſé par l'étamine.

QUATRAIN.

C'eſt parler comme un vrai Forban :
Gardons là deſſus le ſilence.
Un coup de langue eſt pire, Hincmar, qu'un coup de lance ;
Que le feu, les cailloux que vomit un Volcan.

SIXAIN.

Ne nous vantés point, Pharaſmane,
Les talens corporels, dont vous êtes pourvû ;
Ne prônés pas ſi fort votre menton barbu.
Sur mer allés plutôt danſer une pavane :
Il faut ſe confiner dans l'Ile Taprobane,
Lorſque notre crâne eſt fourchu.

HUITAIN.

Dire que chargé d'or vous allés à l'offrande,
C'eſt avoir le cerveau de maladie atteint :
Cela mérite reprimande ;
Cela ſent plus mauvais, Alteing,
Qu'un gargottier de Groenlande,
Ou qu'une lampe qui s'éteint.
On vous reconnoîtra pour Saint,
Quand vous ſerés dans la Légende.

QUATRAIN.

QUATRAIN.

C'eft aux Chirurgiens à guérir les abcès ;
Aux Hommes qui fe font fait Prêtres,
A s'appliquer aux faintes Lettres ;
Aux Gens de robe à vuider les procès.

SIXAIN.

Quoiqu'on porte un habit couvert de cannetille,
Et qu'on ait cocarde au chapeau,
Il ne faut point aller contre le fil de l'eau :
Mais lorfqu'il eft befoin que notre feu pétille,
Je ne trouve rien de fi beau
Que d'aller de fil en éguille.

QUATRAIN.

Sans le raifonnement ce n'eft rien que l'efprit ;
Il vaut mieux petit feu qu'un gros tifon qui fume,
Moins d'argent & bon appétit :
L'Homme gloutton prend chair ; l'Avare fe confume.

HUITAIN.

Voguer fans favoir où terrir ;
Ecrire aux Gens du Roi des Lettres hiftoriques ;
Avoir des magafins, plufieurs belles boutiques,
Sans des biens de ce Monde un feul inftant jouïr ;
Jeune fuir le travail, vieux vouloir rajeunir,
C'eft enchérir fur les Bourriques
Qui remüent la queuë, & ne prennent plaifir
Qu'à faire entendre leurs mufiques.

QUATRAIN.

Vous n'y fongés point, Gratinus,
De donner la droite à Gaudence :
Sa nobleffe eft un droit acquis par fa naiffance ;
La vôtre eft duë à vos vertus.

SIXAIN.

Afin de remplir votre bourſe ,
Lorſque vous faites tant que de prendre la courſe,
Vous courés en chemiſe après l'illuſion.
Allés-vous-en droit à la (*) ſource ;
Et vous ſaurés , Spiridion ,
Que qui ſeme le vent , cueille le tourbillon.

QUATRAIN.

Il eſt vrai qu'en laideur je ſurpaſſe Socrate :
Mais qu'eſt-ce que votre beauté ?
Theſpis , vous avés l'air d'un vendeur d'opiate ,
Qui jeûne par néceſſité.

HUITAIN.

Ainſi qu'un feu de houille , allumé par la biſe ,
Ma plume s'enflamant s'élève juſqu'aux Cieux :
Toutefois , ô douleur ! mes Ecrits curieux ,
Qui devroient avoir cours à Gênes , à Veniſe ,
A Florence , à Genève , en un mot en tous lieux ;
Ont le ſort qu'a le linge , Urſus , quand il eſt vieux.
Voulés-vous , Priſcien , que le Public vous liſe ?
Ecrivés moins & faites mieux.

SIXAIN.

Votre Muſe a ſans doute été nourrie au Caire :
Vos Vers ne valent pas l'huile d'un lampion.
Je veux le croire , Cépion ,
Mais les vôtres , parlés , viennent - ils de Madére ?
Voyons un peu ce que vous ſavés faire :
A l'ongle on connoît le Lion.

(*) *Oſée* VIII. 7.

HUITAIN.

Respectons Philander : c'est le portrait d'Anchise.
 Un Cheval éflanqué lui sert de palefroi ;
 La pauvreté l'a mis en très-grand desarroi :
Il ne faut pourtant point que l'on s'en formalise.
 Gardons-nous bien sur lui de sonner le béfroi :
 Il se trouve du sucre au fond de sa valise.
  S'il est gueux comme un rat d'Eglise,
  Il est noble comme le Roi.

QUATRAIN.

 Pour avoir mon argent vous usés de finesse :
  Vous êtes homme à tout oser.
  Je connois vos tours de souplesse ;
Ce n'est point avec moi, Burman, qu'il faut biaiser.

HUITAIN.

  Après avoir en belle prose
 Comparé les fourmis avec les moucherons,
L'Eclaire avec l'Œillet, l'Ambrette avec la Rose,
  Les blettes avec les cardons,
Vous revenés toujours d'Elbene, à vos moutons.
  Parlés-moi de toute autre chose ;
  J'aime mieux un brin de buglose
  Que toutes vos comparaisons.

SIXAIN.

 Si d'une Moûche, ou de quelque Araignée
  Vous alliés faire un Eléphant,
  Vous feriés moindre qu'un Enfant
  Qui se jouë avec sa Poupée.
On ne doit point, Philocle, aller à la pipée
  Lorsqu'on fait tirer en volant.

DIXAIN.

Bien que vous ayiés la voix aigre,
Vous n'aimés point les chamaillis :
Quand Mars léve le bras, vous gagnés le taillis ;
Vous fuyés plus vîte qu'un Negre
Monté fur un rouffin qui rafe le tapis.
Pour éviter vos Ennemis,
Vous avés la démarche alaigre ;
Vous allés du pied, Gracilis,
Comme à deux ans fait un Chat maigre
Qui court après une fouris.

QUATRAIN.

Vous avés à la Cour de grandes habitudes,
Et touchant les Beaux-Arts de claires notions :
Vous marchés, dites-vous, fur les pas de Planudes ;
Eh bien ! faites-nous voir de vos productions.

DOUBLE-SIXAIN.

Soit de la langue ou de l'éguille
Vous travaillés mieux qu'une Fille :
Ludolphe, à cet égard vous êtes un Héros.
Laiffés-moi, de grace, en repos ;
Ne me picotés plus, Crefphonte :
Si-tôt qu'on m'entreprend je fais craquer mes os.
Je me léve fur mes argots,
Quand je vois que quelqu'un fur fes grands chevaux
monte.
Vous ne me tondrés point la laine fur le dos ;
Rayés cela de deffus votre compte.
Ceux qui me blâment font des fots :
Puifqu'Hercule a filé, je puis coudre fans honte.

QUATRAIN.

Ne foyons ni grogneurs, ni prompts ni fenfuels :
L'âge fait le bon fens ; les frimas font la givre.
Le plus vil de tous les Mortels,
C'eft l'Homme qui boit & s'enivre.

SIXAIN.

Que la cortine d'Apollon
Ne soit qu'un cû de chauderon,
Comme vous le dites, Trivulce;
Ce n'est point pour cette raison
Que hors de ses Etats le Dieu de l'Hélicon
A grands coups de courroïe aujourd'hui vous expulse.

HUITAIN.

Ce qu'ont coûté, Démocharés,
A Venise le pont appellé de Rialte,
Et celui que l'on voit sur le Mançanarés,
Non, ne payeroit point tout ce que vous valés.
Rien de si grand que vous ne nous a fait voir Malthe:
Vous êtes (c'est Pallas qui par moi vous exalte)
Aux champs de Mars un Périclés,
Et dans le Cabinet un Louis de Montalte.

SIXAIN.

Vous avés sur votre Ecusson,
Comme si vous étiés un Michel de Cervantes,
Un Porc-épic de sable, à pointes flamboyantes:
Voilà qui n'est ni beau ni bon.
Marmol, mettés un Cancre au lieu du Hérisson;
Vous aurés des Armes parlantes.

QUATRAIN.

A l'aimable Doris vous allés vous lier:
Je vous en congratule, Attale;
C'est mariage d'épervier,
La femelle est plus que le mâle.

HUITAIN.

Je vous le dis tout franc:
Vous avés beau vous armer d'une latte,
Ecumer, vous gonfler la rate,
Vous ne me ferés point déguerpir de mon banc.

LA CLINCAILLE
Si vous pouvés me prendre en flanc,
Et me tenir sous votre patte;
Je me fais fort, Erasistrate,
De vous donner un Merle blanc.

QUATRAIN.

Quoi, vous levés la tête ! êtes-vous donc un Cigne?
Baissés plutôt les yeux, Gaspard :
Non, votre Muse n'est pas digne
Qu'Apollon lui jette un regard.

SIXAIN.

Si son feu sous la cendre couve,
Sur ses pieds comme un bilboquet
Méliton toujours se retrouve.
Ne l'attaqués point, Robertet;
Il est plus fort qu'un Argoulet i
D'un coup de poing il enfonce une douve.

QUATRAIN.

Trois choses à la fois qui soulevent le cœur
Jusques à provoquer la haine & la colére,
C'est le Pauvre (*) orgueilleux; c'est le Riche menteur;
C'est le Vieillard qui devient adultere.

DOUBLE-SIXAIN.

Puisqu'un vil Malotru vous dame le pion ;
Puisqu'il est avéré que votre Calliope
Prenant un peu trop d'opium,
Se démene, tombe en sincope;
Puisque d'ailleurs dans le double Vallon
Votre Pégase ruë & jamais ne galope,
Pendés au croc vos pistolets d'arçon :
Ne maniés que la varlope.
Ou, si ce métier-là vous déplaît, Hieron,
Lorgnés le Ciel avec un télescope;
Contemplés la Baleine, Andromede, Orion :
Rendés-vous faiseur d'horoscope.

***

(*) *Ecclésiastique*, *ch*. XXV. *vers.* 3 & 4.

QUATRAIN.

J'ai devant vous fuccombé fous le faix ;
Mais je vous réponds, Vigenere,
Que c'eft le ventre de ma Mere :
Je n'y retournerai jamais.

SIXAIN.

Perfonne n'en doute, Hyacinthe :
Vous avés le talent, qu'eût Arnauld d'Andilli,
Héroftrate au contraire a le ftyle bouffi ;
La lumiere du Beau chez lui fe trouve éteinte.
De fa plume coule l'abfinthe :
De la vôtre il ne fort que du fucre candi.

HUITAIN.

Fricaffés votre bien, Terpandre :
Mangés des pigeonneaux à la fauce-robert ;
Ayés des ananas, des mangos au deffert ;
Dans ce détail je ne veux point defcendre.
Je me hâte de vous apprendre
Que ce qui met la maifon au défert,
C'eft jeune femme, du bois vert,
Grand appétit, & du pain tendre.

QUATRAIN.

Autant par votre efprit que par vos enjoûmens
Vous captivés les cœurs, Brigide :
Vous enchantés tous vos Amans,
Comme enchantoit les fiens Armide.

SIXAIN.

J'accepte l'offre volontiers :
De joüer avec vous je ne cours pas grand rifque ;
Vous n'êtes pas des plus forciers.
Bien que vous l'emportiés, Vopifque,
Sur les Jurieus, les Courrayers
Je puis vous donner quinze & bifque.

QUATRAIN.

Dom Pedre Friaz Albornos
Se paſſe de perſil, de laituë & d'oſeille,
Ainſi que du jus de pavots ;
Parce qu'il n'a beſoin que de ſalſepareille.

HUITAIN.

Malgré vos ruſes, Paſſerat,
Bibliander avec ſa mine niaiſe
Vient, en pirouëttant autour de votre chaiſe,
De vous donner échec & mat.
Tel qui voulant tirer les marrons de la braiſe,
S'étoit ſervi de la patte du Chat,
Lui-même eſt tombé tout à plat
Au beau milieu de la fournaiſe.

SIXAIN.

Au fruit on connoît l'arbre ; à l'effet les vertus,
Et les aquilons à leurs ſouffles.
Euſſiés-vous en lingots trois millions d'écus,
Vous êtes, calcul fait, le dernier des Maroufles :
Je ne vous eſtime pas plus,
Cécrops, que mes vieilles pantoufles.

QUATRAIN.

On le voit, Pliſtonax ; vous rafinés ſur tout :
Vous êtes à la lettre un Homme incomparable.
Mais en fait de ſavoir vous n'en avés qu'à table,
Lorſqu'il eſt queſtion de rôt & de ragoût.

SIXAIN.

Si-tôt que je vous vois paroître,
Meſſer Melchior Grûgepois,
Comme ſi je voyois un ſpectre,
Je fais le ſigne de la Croix;
Et tout bas je dis, ah le traître !
Ah le grand coquin que je vois !

HUITAIN.

HUITAIN.

Vous avés eû la peau plus douce qu'une hermine,
La main blanche, une taille fine ;
De votre teint fleuri l'œil étoit enchanté :
Le Tems, ce vieux Rêveur qui marche à la fourdine,
Vous a mis fous le joug de la Caducité ;
Et de toute votre beauté
Il ne refte plus, Barberine,
Qu'une maffe de chair faite en rotondité.

SIXAIN.

Antenor qui n'a point de vitre en fa boutique,
Dit que mon Pégafe eft un Veau ;
Ma dorure de l'oripeau :
Je me moque de fa critique ;
Je fais qu'en fait de poëtique
Jamais il n'a connu ni le laid, ni le beau.

QUATRAIN.

Lorfqu'on a la mémoire heureufe,
L'efprit clair, le jugement bon
On doit grimper fur l'Hélicon ;
Au hazard de tomber dans fa mare bourbeufe.

SIXAIN.

Quand on diftingue, Sifenna,
Le verd d'avec le rouge, un B d'avec un A,
On peut dire fans arrogance
Que l'on a quelque intelligence.
Vous êtes expert en cela ;
Il faut donc qu'Arlequin vous porte révérence.

DIXAIN.

En quel rang mettrons-nous Proclus ?
Cette queftion-là me gêne :
S'il écrit mieux que Mévius,
Je le mets vis-à-vis du vieux Cantacuzéne.

En profe c'eft merveille ; il en fait tant & plus :
En Vers c'eft autre chofe ; il travaille avec peine.
Si-tôt qu'il encenfe Phébus,
C'eft un Poëte à la douzaine,
Pour ne pas dire de bibus :
Qu'on le place donc vîte au deffous de Pinchêne.

HUITAIN.

Le Monde eft un bois fombre, où paît un gros troupeau :
Quelques-uns vont à droit, la plûpart à feneftre.
Ici c'eft un Tilleul ; plus loin un Baliveau.
Là c'eft un Torfe ; ailleurs une Statuë Equeftre.
Les uns manient le pinceau ;
D'autres battent le fer, fréquentent la Paleftre.
Pantaléon brille au Barreau ;
Dolabella dans un Orcheftre.

SIXAIN.

Vous êtes un autre Adonis ;
La Déeffe au croiffant, vous adopta pour fils.
Votre garde-manger eft plein de fauvagine :
Vous tirés bien, Aménophis,
Aux Aloüettes, aux Perdrix ;
Beaucoup mieux à la Bécaffine.

DIXAIN.

Vous croyés avoir, Paparon,
Plus d'équité, plus de nobleffe,
Plus de bravoure & de fageffe
Que n'en eut autrefois Cimon,
L'un des grands Hommes de la Gréce.
A ce fujet, non fans raifon,
On dit fur les bords du Permeffe
Que, loin d'être un Timoléon,
Vous n'êtes qu'un Caméléon ;
Même de la plus pauvre efpéce.

QUATRAIN.

De votre coffre fort, quand vous l'aurés ouvert,
Otés les toiles d'araignée :
Selon le vent la voile, Habert,
Et selon le bras la faignée.

HUITAIN.

Réfolument je n'en rabattrai rien:
Je vous l'ai déja dit en bonne Compagnie ;
Oui, l'orgueil & l'hypocrifie
Dominent dans Félicien,
C'eft pourtant un homme de bien,
Qui fait honneur à fa Patrie.
Dites plutôt, Iphigenie, que c'eft un vrai Pharifien.

SIXAIN.

Sachés que perfonne, d'Aligre,
Impunément ne me dénigre.
J'ai les yeux ouverts quand je dors :
Bien loin d'être Daguet, je fuis Cerf à dix cors,
Avec les Hériffons je me transforme en Tigre :
Pour peu qu'on me pique, je mords.

DIXAIN.

Quoiqu'il ait le vifage have,
Le nez couleur de beterave,
Ce n'eft point un coupe-jarret :
Ponce avale le vin de Grave,
Comme un Iman boit le forbet.
Quand Ponce eft forti de fa cave,
Il vifite fon Cabinet :
Là dans fa tête enfonçant fon bonnet,
Il ouvre un tome de Bœrhave,
Et s'endort au premier feuillet.

SIXAIN.

Maffée & Duaren vous cherchent des chicanes,
 Ne parlent pas de vous avantageusement,
Et trouvent vos Ecrits rien moins que diaphanes.
Ne vous en fâchés point ; c'eſt un faux jugement :
Mais quand vous les mettés vous-même au rang des
 ânes,
 Vous jugés, Boſius, des choſes ſainement.

QUATRAIN.

On trouve au corridor du Dieu de la Muſique
 Pour un Muſicien quarante criailleurs ;
 Et dans la Claſſe Evangelique
Bien plus de Prédicans que de Prédicateurs.

DIXAIN.

Il n'eſt point de feu ſans fumée ;
De pire eau que celle qui dort.
Du fond d'une bouche ſucrée
La plûpart du tems il ne ſort
Qu'une parole empoiſonnée ;
Qu'une exhalaiſon qui put fort.
Si nous voulons ſurgir au port,
Gardons-nous d'une mijaurée :
C'eſt une mauvaiſe denrée,
Plus piquante que le réfort.

DOUBLE-SIXAIN.

Parce qu'on voit ſur mon viſage
Pluſieurs traits enfoncés, triſtes marques du tems ;
 Parce que mes cheveux ſont blancs ;
Que j'ai devant les yeux quelquefois un nüage,
De moi d'un air hagard & des plus mépriſans
 Vous faites votre badinage.
Mais croyés-vous avoir à ſoixante & dix ans
La beauté, la vigueur, la ſoupleſſe en partage ?

Voir remüer, Backer, les mites d'un fromage,
Vous tenir ferme fur vos piés,
S'il eft vrai du moins qu'à cet âge
Par cas fortuit vous parveniés ?

QUATRAIN.

A l'exemple de Sophronifque,
Socrate fur le marbre exerçoit fon cifeau :
Il faut favoir prendre fa bifque,
Quoique d'un Philofophe on porte le manteau,

HUITAIN.

J'aime les Vers ; c'eft ma folie :
J'en ai fait ; j'en fais ; j'en ferai
Malgré vos dents toute ma vie.
Je n'ai pas peur que la fable du Geai
Puiffe à mon nom, Calixte, être une ignominie :
Non point cela, mais je dirai
Dans tous les Lieux où je me trouverai,
Que vous êtes, Clénard, larron comme une Pie.

QUATRAIN.

Bien que je n'aime point à faire le méchant,
Je fouffle au nez d'un fat jufqu'à perte d'haleine.
Flater, tergiverfer ; ce n'eft point mon penchant :
Quand je trouve un Denys, je fuis un Philoxéne.

SIXAIN.

Si nous déteftons le tracas ;
Si du repos nous faifons cas,
Demandons au Ciel à mains jointes
Qu'il nous éloigne, Fulginas,
D'un Homme qui remplit fa tête de fatras,
Et qui ne parle que par pointes.

QUATRAIN.

Vous n'étes ni joüeur, ni gourmet ni gourmand ;
Vous aimés à rendre service :
Mais cela n'est rien, Béverland,
Si votre fort est l'avarice.

SIXAIN.

Sans être des plus diffolus,
Bromierd de la pudeur souvent passe les bornes ;
Il joint les vices aux vertus ;
Prend les houx pour des ifs, les fusains pour des ornes.
Il ne lui manqueroit donc plus
Que de se marier, & de porter les cornes.

DOUBLE-DIXAIN.

Lorsqu'on est plein d'ambition ;
Que l'orgueil à nos cœurs s'attache comme glaire,
On suit pour l'ordinaire
Le chemin de perdition.
A ce que je puis voir, Nazaire,
Vous poussés l'irréligion
Auffi loin qu'on puisse le faire :
Le passé ne vous touche guère ;
Le Paradis est une illusion ;
Le Présent seul a de quoi plaire.
L'Œuvre de la Création
Est à vos yeux une chimère :
Vous tournés en dérision
Le Myftère Sacré de l'Incarnation ;
Et par un surcroît de misére
Vous mettés sous les pieds la Révélation.
Apprenés, pauvre Téméraire,
Que le flambeau qui vous éclaire
N'est qu'un püant & noir tison,
Qui vous fut donné par Mégere.

QUATRAIN.

Puisqu'on demande mon avis,
Foi d'Homme franc je dis que Briffe
Est dans le Palais de Thémis
Un excrément de la Justice.

SIXAIN.

Croyés-vous par vos airs vous donner du relief?
Foin de vous, petite Pimbêche!
Vous ne possédés rien en fief
Dans les terres que Venus bêche :
Au hazard de commettre un crime encor plus grief,
Je vous compare à la chevêche.

HUITAIN.

Que l'on busque fortune, ou qu'on soit en bonheur,
Chacun le mieux qu'il peut tapisse sa cabane :
Tout le monde se plaît à vivre avec splendeur.
L'un entend le trafic, cet autre la chicane :
Celui-ci parle peu ; un autre est un hableur :
Les uns quittent l'épée, & prennent la soutane :
L'un du Siécle est l'opprobre ; un autre y fait honneur :
Euphranor est savant ; Gallutius un âne.

QUATRAIN.

Je me trouve à jeun, d'Ablancourt ;
Je ne comprends point ces merveilles.
Vous venés de prêcher devant un homme sourd :
Ventre affamé n'a point d'oreilles.

SIXAIN.

Quand je vous vois, tout-aussi-tôt
De mes haîllons je m'enveloppe.
Vous êtes laid comme un Marmot ;
Vous ressemblés à l'Escarbot :
Votre haleine est infecte, Eutrope ;
Et de la tête en bas vous sentés le fagot.

QUATRAIN.

Il faut avoir l'esprit plus lourd qu'une colombe,
Lorsque l'on a du bois de ne pas le brûler.
Chauffons-nous quand la neige tombe:
　　Il vaut mieux fuer que trembler.

DOUBLE SIXAIN.

Un jour en contemplant mes desseins de la Chine,
Et quelques vieux tableaux d'une touche assez fine,
Quel est ce gros gaillard qui la plume à la main
Devant un Livre ouvert profondément rumine
　　Se mit à dire une Béguine,
　Qui depuis quarante ans tousse soir & matin?
　　　C'est le fameux Vander-Linder
　　Très-grand Docteur en médecine,
　　Hollandois d'un jugement sain:
　　Regardés-le bien, Jaqueline;
Et fachés que si j'ai bon pied, bonne poitrine
C'est que ce (*) beau Portrait me sert de Médecin.

HUITAIN.

　　Je vous le dis en Homme sage;
　Le Public, Censeur juste, aussi vous le dira:
　　　Si vous songés au mariage,
　　　Vous férés cocu, Gélida;
　　　　　　　　　　　　　Votre

(*) *Au dos du pupitre placé sur une table couverte d'un tapis rougeâtre avec une fort belle écritoire, il y a ces lettres; S. L... December* 1655. *Au commencement du Livre adossé contre une Sphére armillaire, on lit* CORN. CELSI LIB. SEPTIMUS. *Ce Portrait original qui est venu de Berlin à Orange, fait un des principaux ornements du Cabinet de l'Auteur.*

Jean Antonides Vander-Linden Professeur à Leide, naquit le 13 *de Janvier* 1609, *& mourut en* 1664 *dans sa cinquante-cinquième année; par conséquent il étoit âgé de quarante sept ans, lorsqu'il se fit peindre.*

Votre mine en est un présage.
Et moi j'estime qu'en cela
J'ai sur vous un grand avantage,
Puisqu'Abner, vous l'êtes déja.

SIXAIN.

Si-tôt que la jeune Marcelle
Vient prendre l'air sous ces ormeaux,
Vous préparés vos chalumeaux,
Et vous joüés de la prunelle.
Torédorix, cette Donzelle
N'est point viande pour vos moineaux.

QUATRAIN.

On ne tombe dans la misére
Que parce que l'orgueil s'empare du dehors :
Pinart, la vanité consume nos trésors,
Comme le Rhône absorbe & la Drome & l'Isére.

SIXAIN.

Je viens de connoître, Bolsec,
Que vous avés ongles & bec,
Des Arts nobles quelque teinture ;
Qu'en droit écrit vous êtes grec :
Mais vous entendés la nature,
Tout comme je m'entends à faire une serrure.

QUATRAIN.

Vous ! être un personnage & d'esprit & de poids !
Permettés que je vous déchifre :
Quand je vous considére, Amyntas, je ne vois
Dans votre individu qu'un pifre.

DIXAIN.

Florus fait des Vers à foison,
Et Pasquin nous apprend que c'est un Plagiaire.
Afin d'avoir quelque renom,
Il pille du Cerceau, Voltaire,

Racine, Defpréaux, Moliére & Campiftron.
Phébus, calmés votre colére ;
Accordés-lui fes Lettres de pardon :
Si Florus fait des Vers qui ne lui coutent guère,
En voici l'unique raifon ;
C'eft que fur le Parnaffe il n'eft qu'un locataire.

SIXAIN.

Quoiqu'il faille toujours tenir ,
Rofin, fon cheval par la bride,
Si nous avons pourtant de quoi nous bien nourrir ,
Tenons une table fplendide ;
Et n'y faifons jamais venir
Que des gens de favoir d'une vertu rigide.

QUATRAIN.

Fallopio, je ne veux pas
Entre Comus & vous favoir ce qui fe paffe :
Faites de courts ou longs repas ;
Ce n'eft point ce qui m'embarraffe.

HUITAIN.

Silveftre eft laid, mais il a de l'efprit :
Oftade eft beau , mais fans aucun génie.
Le premier parle ; l'autre rit :
Je demande à la compagnie
D'aller aux voix pour voir celui qui vaut le mieux.
Dans des occafions pareilles ,
Je ferme, dit Sapho, les yeux,
Heldinge, & j'ouvre les oreilles.

QUATRAIN.

Je vous ai vû tomber dans un creux, Fabien ,
Au fortir du Vallon qu'Erato de fleurs jonche.
Confolés-vous ; cela n'eft rien :
Un bon cheval quelquefois bronche.

SIXAIN.

Le malin Thamyris, guère plus haut qu'un chou,
  A le bonheur d'avoir une très-grande Femme.
N'appréhendés-vous point de vous casser le cou,
    Lui dit un jour une bonne-Ame ?
   Non, car plus ferme qu'un écrou,
   Mon corps est fait en Epigramme.

HUITAIN.

    L'amour est une passion
  Qui fort souvent bien loin nous méne :
    Les rameaux de l'oppression
Tombent avant l'hiver comme feuilles de frêne.
    Lorsque Paris ravit Heléne,
    Il mit tout en combustion :
  Alexandre ternit sa réputation,
    En faisant mourir Callisthéne.

QUATRAIN.

  Exhorter à l'épargne un mauvais ménager,
C'est apporter, Bembo, du métal dans les mines ;
Contrecarrer les Grands, c'est vouloir corriger
    Le Magnificat à Matines.

SIXAIN.

Des Monstres que la Terre a tiré de son sein,
   L'Avare est le plus inhumain ;
    Je le compare à Poliphéme :
  Serrer le poing, c'est son systême.
Comment donneroit-il à la Veuve du pain,
   Puisqu'il est dur envers soi-même ?

QUATRAIN..

Le Fils d'Olympias, quoique moins haut qu'un pieu,
    Est un Héros par excellence ;
Mais s'étant avisé de vouloir être un Dieu,
   Il n'est plus digne qu'on l'encense.

DIXAIN.

Une franche Coquette, une vieille Dondon
Qui mettoit le fard en ufage,
Pour ôter fans douleur les poils de fon menton,
Difoit un jour à table, en parlant de fon âge,
Certes je donnerois quelque chofe de bon
D'avoir l'efprit, comme j'ai le vifage.
Par la barbe de Mahomet
Confervés votre argent, dit fon valet Thyefte :
Ma Maîtreffe, je vous protefte
Que l'affortîment eft complet.

HUITAIN.

Quoique vous foyés une Autruche,
Moi le moindre des Oifillons,
Ne croyés pas qu'enfin dans un puits je trébuche,
Black, par vos cavillations.
Fuffiés-vous plus pillard qu'une vieille guenuche,
Mes champs font à couvert de vos incurfions :
Les guépes font hors de la ruche ;
J'ai pour moi contre vous leurs petits éguillons.

SIXAIN.

Votre cœur brûle, Anaxandride,
D'une avarice très-fordide :
Que je mange du lard, du bœuf ou des Perdreaux,
Vous êtes attentif à compter mes morceaux.
C'eft alors que mes dents faites en piramide,
Pour vous faire enrager font des exploits nouveaux.

QUATRAIN.

Depuis Mofcou jufqu'à Pergame
Il eft rare de voir un Écolier congru.
La plus grande malice eft celle de la Femme :
C'eft un ancien (*) dicton, de nos jours très-connu.

(*) *Ecléfiaftique*, chap. XXV. verfet 17.

DOUBLE-SIXAIN.

Vous êtes plutôt fin que fourbe :
Vous ne donnes point, Albertin,
Un plat d'argent pour un d'étain,
De la marne pour de la bourbe.
Vous avés un fouris malin :
Vous favés faire le lutin :
Vous montés un Cheval qui n'a point une courbe.
Vous faites un feu de fapin ;
Le mien est de paille ou de tourbe :
Mais mon démon, quoique gredin,
Et que fur le faix il fe courbe,
Vous fera voir bien du chemin.

HUITAIN.

Si, pour mettre une palme au Temple de la Gloire,
Votre Mufe ne va que par fauts & par bonds ;
Si, dis-je, vous allés, Natoire,
Sur Pégafe à califourchons,
Vous trouverés quelque glifloire :
Vous courrés rifque, en perdant les arçons,
De vous difloquer la machoire ;
Et bien loin d'avancer, d'aller à reculons.

SIXAIN.

Vous n'avés pas le bois d'un Cerf fur votre tête ;
Vous n'êtes point cornu comme l'étoit Paris :
Je vois, quand je me fers d'une bonne lunette,
Que vous reffemblés, Eupolis,
A cette efpéce d'Alouëtte
Que nous appellons Cochevis.

DIXAIN.

Des difcours d'Homulus j'ai l'oreille étourdie :
Pour fon frere Tribonien,
S'il ne dit mot, il penfe bien.
Auquel des deux, s'écria Volomnie,

LA CLINCAILLE
Femme prudente & dégourdie,
Défireriés-vous reffembler ?
Au dernier, repliqua Lothaire.
A la faine raifon ce choix n'eft pas contraire :
Il eft beau, lorfqu'on fait parler,
De favoir à propos fe taire.

HUITAIN.

A nul Homme il eft sûr que je ne céde en rien :
Mon renom fait du bruit autant que dix trompettes,
Je fuis Rhéteur, Hiftorien,
Géographe, Grammairien,
Je connois le cours des Planetes :
De forte que Quintilien,
Ptolomée & Méla, Lampride, Lucien,
S'ils vivoient, ne feroient près de moi que des bêtes.

SIXAIN.

Parlés-moi, je vous prie, avec précifion ;
Je ne demande point que vous me faffiés grace :
Croyés-vous qu'en favoir Grotius me furpaffe ?
Que penfés-vous de moi, Dion ?
Je penfe, fauf correction,
Que vous êtes un fot de la premiere claffe.

HUITAIN.

Léonclavius dont l'efprit
Eft auffi pointu que fa boffe,
Se voyant balloté par Guibert le Coloffe,
D'un ton ironique lui dit ;
Je fais que vos doigts redoutables
Pourroient m'écrafer comme un œuf ;
Qu'Efope m'a dépeint dans une de fes Fables :
Oui, je fuis la Grenouille, & vous êtes le Bœuf.

SIXAIN.

Vous favés compofer en deux ou trois langages :
Il ne vous coute rien de faire un opera.
Vous dites hautement que vos Ecrits, Cafca,
Sont dignes d'être lûs par les gens les plus fages.
Montrés-nous quelques - uns de ces jolis ouvrages,
Et l'on vous appréciera.

DIXAIN.

Dans votre cuifine, Porée,
Quand vous faites des fricandeaux,
Il s'éleve moins de fumée
Qu'à la Trape, ou chez les Citeaux
Lorfque leurs Freres lais font cuire des naveaux.
C'eft une épargne en nous innée,
Difent les Harpagons nouveaux :
Plus mal la viande eft apprêtée,
Plus la fauce eft longue & falée,
Plus on fupprime de morceaux.

DOUBLE-SIXAIN.

Vous qui fréquentés les Ecoles,
Voici de nouvelles leçons,
Qui paroiffent affez frivoles :
Le Soleil a douze Maifons ;
La Terre tourne fur fes poles.
Jamais on n'a cueilli des prunes fur les Saules,
Des oranges fur les Buiffons ;
Pêché dans les viviers des Soles,
Dans les étangs des Efturgeons.
C'eft dans les Ecrits courts & bons
Que brillent les belles paroles,
Et dans les grandes Mers qu'on prend les gros Poiffons.

QUATRAIN.

Murmel qui depuis peu nage dans l'opulence,
Ne pouvant pas briller du côté de l'efprit,
Se pique de magnificence ;
Brille par l'or de fon habit.

HUITAIN.

Vous avés l'ame, Marozie,
De malice toute paîtrie :
L'Oifiveté vous enfanta ;
Proferpine vous alaita.
Vous êtes une autre Athalie,
Une feconde Locufta :
Une véritable Lamie
Que la Mer en courroux fur fes rives jetta.

QUATRAIN.

Mon jardin, Maharbal, abonde en pimprenelle,
En biftorte, en fleurs de crocus :
Dans le vôtre croiffent la prêle,
L'ive, le jufquiame ; à touffes le lotus.

SIXAIN.

Auffi ferme qu'on voit fur fa bafe une Eguille,
Vous êtes fur vos pieds planté :
Soit au fein du Bonheur, ou de l'Adverfité
Vous ne branlés, Pafor, non plus que la Baftille.
Vous êtes dans votre coquille
L'Homme le moins peureux que la Terre ait porté.

QUATRAIN.

Pour éclaircir fon teint, l'Epoufe d'Huniade
N'a pas befoin de vermillon,
De cérufe ni de pommade ;
Il lui faut de la poudre à polir la raifon.

DIXAIN.

Vous favés toucher l'épinette,
Pincer le luth, joüer du chalumeau,
Donner du cor, fonner de la trompette ;
Et par le moyen d'un pipeau

Contrefaire,

Contrefaire le cri de l'Oïe & du Corbeau,
Siffler comme la Mauviete :
Vous êtes, Homar, une Bête
Plus stupide que le Chameau
De ce ridicule Prophête,
Dont un Peuple puissant révere le tombeau.

HUITAIN.

Quoique je sois plus propre à faire une épigramme,
Qu'à composer sur un himen de Cour
Quelque jolie épithalame ;
Quoique depuis long tems je respire le jour
Sans avoir battu le tambour,
Que battit autrefois Pyrame,
Oui, pour vous, Nitocris, je brûle d'une flamme
Chaude autant que celle d'un four.

SIXAIN.

C'est trop risquer de se mettre en ménage,
Quand les sourcils sont presque blancs.
A cinq lustres, on doit songer au mariage :
On peut encore à dix, tirer parti des sens :
Mais (avis au Lecteur) l'esprit & le corps, Gage,
Déclinent après cinquante ans.

QUATRAIN.

Par une épargne un peu sordide
Vous laissés aigrir votre vin :
Vous êtes un cancre, Lacyde ;
Votre boisson est du chasse-cousin.

DOUBLE-SIXAIN.

En bonne foi croyés-vous, Démostrate,
Que haut les bras, parce que vous avés
Mis dans votre Recueil tissu de vieille oüate,
De loin à loin des sixains accouplés,
Dont la rime est en er, autant de fois qu'en ate ;
En is, en ille, en ire, en és,

Tome I.   G g

Sur Chapelle vous l'emportés ?
C'eſt une étrange diſparate :
Votre Muſe eſt un cû-de-jate.
Certainement vous vous trompés :
C'eſt prendre un rouge-brun pour rouge d'écarlate ;
Pour du miel blanc de l'aloés.

DOUBLE-QUATRAIN.

Puiſque vous maniés le coutre,
Fertiliſés vos champs, cultivés la Vertu ;
Puiſqu'Errard, vous percés le Vice d'outre en outre,
De Caton le Cenſeur je vous crois deſcendu.
Apre à la proïe, ardent de même qu'une Loutre,
Au coin de l'œil d'Holbein vous voyés un fétu
Sans ſonger que le vôtre eſt chargé d'une poutre,
Dans le ſens le plus étendu.

DIXAIN.

Le grand Parleur Evax, dont l'ame eſt ſi bouffie,
Qu'il croit être un Géant, & n'eſt qu'un Marmouſet,
Traitoit de gros lourdaut & de petit génie
Muſculus ſon Frere cadet,
Parce qu'il manquoit de caquet.
D'accord, lui repartit Terence ;
Ce que vous avés dit me plaît :
Vous parlés, votre Frere penſe ;
Il eſt donc ſot en apparence :
Evax, vous l'êtes en effet.

SIXAIN.

Dans la petite cave, où Bacchus tient ſa coupe,
Vous êtes pour le moins, Brodeau,
Cinq jours de la ſemaine ivre comme une ſoupe.
Je voudrois donc qu'un bon pinceau
Vous peignît proche d'un tonneau :
Vulcain, Silene & vous feroient un joli groupe.

HUITAIN.

Votre Epouse est maligne au souverain dégré;
Vous n'êtes pas non plus un Ange.
Voulés-vous qu'en vertus ses vices elle change?
Soyés à son égard un peu plus modéré:
Au lieu de composer des Vers à sa loüange,
Daurat, prêchés sur la vendange:
C'est en beuvant du vin, du cidre & du poiré,
Que vous ferés venir votre femme à jubé.

SIXAIN.

Si vous avés la tête saine,
Si du beau vous êtes épris;
Avant que passe la semaine,
Rouillard, vous aurés soin de sarcler vos Ecrits,
Afin que la mauvaise graine,
En croissant n'étouffe les Lis.

DIXAIN.

Sur le sommet du Pinde on voit une esplanade,
Où proche des sapins croissent les arbrisseaux.
Les Vers de l'Eneïde & ceux de l'Iliade
Ne se trouvent pas tous égaux;
Les uns sont bien peignés, d'autres ont la pelade:
Il en est de laids & de beaux.
Le Godefroi, la Lusiade
N'ont pas toujours de bons arceaux;
Dans Milton même & dans la Henriade
Un œil perçant peut voir plus de quatre défauts.

QUATRAIN.

Jettés au feu papier, canif, plumes & cire:
Alabaster, votre veine est à sec.
Puisqu'Apollon a brisé votre Lyre,
Amusés-vous à joüer du rebec.

DIXAIN.

On vous feroit grand tort, Bibloxe,
De vous croire un George-Dandin ;
Vous tenés plutôt du Devin :
Vous favés en quel tems arrive l'Equinoxe,
En quel Païs croît le bon vin ;
Ce que c'eft qu'un Vers Léonin ;
Un parametre, un paradoxe.
Vous n'êtes ni fot ni mutin,
Mais un Docteur héterodoxe,
Propre à tirer le fin du fin.

HUITAIN.

Avant qu'elle fubit le joug de l'himenée,
Un grand nombre d'Adulateurs
Difoient à Berthe des douceurs:
Elle étoit jolie, enjoüée ;
Berthe avoit l'efprit fouple, & de fort bonnes mœurs.
A prefent qu'elle eft mariée,
Pour la peindre on fe fert des plus noires couleurs ;
Berthe eft une Gorgone, une Dévergondée.

SIXAIN.

Le Véfuve & le Mont Gibel
Jettent moins de feu que de lave :
Ne me faites point un appel ;
Si vous êtes fou, je fuis brave.
Je me fens affez ferme, affez fort, Clopinel,
Pour vous précipiter du grénier dans la cave.

QUATRAIN.

Vous avés, Gondemar, un courage viril ;
Les bras aufli nerveux que Milon de Crotone :
Mais votre fel eft volatil ;
Votre critique n'eft pas bonne.

DIXAIN.

Vous Mercator qui faites le favant,
Dites-le moi : qu'eft-ce que l'avarice ?
C'eft un défir très-violent
D'amonceller l'or & l'argent.
Vous réjoüïdés comme un Novice :
Vous deviés dire, c'eft un vice
Qui remplit la tête de vent ;
Une efpéce de maléfice
Qui de notre cœur s'emparant,
Nous jette dans le précipice.

QUATRAIN.

Selon qu'eft la ftatuë il faut le piédeftal.
Puifque la Poëfie eft Sœur de la Peinture,
Un Peintre doit s'entendre à faire un madrigal ;
Se connoître en architecture.

SIXAIN.

Sans m'ériger en Cafaubon,
Je joins la fcience à la force :
Je fais qu'avec du chanvre on peut faire un cordon ;
Que la canelle eft une écorce ;
Qu'une tige de Lis vaut plus qu'un martagon,
Et qu'un pilaftre eft moins qu'une colonne torfe.

DIXAIN.

Vous êtes, dites-vous, Chrétien !
Cela fent très-fort le probléme :
Aripert, n'éclairciffons rien ;
J'infifte là-deffus, parce que je vous aime.
Vous êtes un Bohémien,
Le plus grand qu'ait vû naître en fon fein la Bohéme :
Vous regrettés les grains qu'à votre grange on feme ;
Les petits pains de fon que mange votre chien.
Afin de groffir votre bien,
Vous vendriés vos enfans, votre femme & vous-même.

SIXAIN.

Tu trembles ; tu pâlis, Bellocq, toutes les fois
    Qu'Apollon te ferre les doigts:
Tu penfes néanmoins que les fruits que tu cueilles,
    Sont des olives & des noix.
  Quand le Poëte a peur des feuilles,
  Il ne doit point aller au bois.

QUATRAIN.

    Si vous étiés fur la palette,
Alix, je vous réponds que les petits oifeaux
    Vous prenant pour une Chouëtte,
  Se viendroient prendre à vos gliiaux.

DIXAIN.

    Vous êtes dans la Bafilique
    Où s'affemblent les gros Matous,
    Non pas le roi des Sapajous,
  Mais un Chef d'ordre très-lubrique.
Jophon, vous aimés mieux chanter un air bachique
    Avec des refrains à glougloux,
Qu'un rofaire à la main entonner un Cantique ;
    Voir dans l'atelier de Rombouts
    Une figure ityphallique
Que devant un autel un Hermite à genoux.

DOUBLE-SIXAIN.

  Singe d'Horace & de Lucrece,
  Qui dès ta plus tendre jeuneffe
Paffes ton tems à rimailler,
Quitte la plume, & fonge à faire un oreiller ;
Laiffe dormir ta Mufe, afin qu'elle s'engraiffe :
  Ecoute la Raifon qui te vient confeiller.
    Pourquoi fans être Nautonnier,
  Vouloir voguer fur le Permeffe ?

Pardon, si pour t'humilier
Je te pique où le bât te blesse!
Agrippin, fais-toi Jardinier;
Ton Pégase n'est bon qu'à porter du fumier.

QUATRAIN.

Que l'avarice est une belle chose!
On a toujours le gousset plein.
Erreur! il vaudroit mieux l'avoir vuide, Formose,
Et ne se mettre pas au lit avec la faim.

HUITAIN.

Le choix que vous venés de faire,
Nous montre clairement, Nectaire,
Que vous estimés beaucoup plus
Les richesses que les vertus.
L'avis n'étoit point nécessaire;
J'aime à me promener dans les chemins battus:
Qu'importe que je sois au nombre des Cocus!
N'ai-je pas un bon ordinaire?

SIXAIN.

S'il n'est pas de bronze ou de fer,
Il faut que votre cœur soit de marbre de Pare.
Pour le bien du Public, je voudrois, Gilimer,
Que cette nuit la cochemare,
Vous empêchant de humer l'air,
Vous fit passer dans le tartare.

HUITAIN.

Au milieu des Savans dont le nom est en i,
Vous avés l'œil plus fier qu'un Conducteur d'une
Horde.
Comme un Parterre en May, votre style est fleuri:
Avec justice on vous accorde
Que vous savés faire un exorde;
Mais sans prévariquer nous pouvons dire aussi
Que vous êtes, Tintoretti,
Un Homme de sac & de corde.

QUATRAIN.

Du Corps des Médecins vous êtes le Bedeau ;
Tous les habiles gens, Paracelse, vous vantent :
Vous chaffés les vapeurs qui montent au cerveau,
Que ne guériffés-vous celles qui vous tourmentent ?

SIXAIN.

Je ne vois rien de plus méchant
(C'eſt à vous que j'en veux, Coxcie)
Que celui qui rongé d'envie,
Fait fon Idole de l'argent.
Pour fatisfaire fon penchant,
L'Homme avaricieux vendroit (*) fa propre vie.

DIXAIN.

Puifque tu ne faurois monter fur l'Hélicon
Qu'en te fervant d'une béquille ;
Et que ta Melpoméne a befoin qu'on l'habille,
Souffre que je te donne encore une leçon :
A l'exemple du limaçon,
Rentre, Agrippin, dans ta coquille.
Ou plutôt travaillant pour amaffer du bien,
(Ne crois pas au moins que je raille)
Lime tes Vers, tant qu'il n'y refte rien ;
Et je te donnerai deux liards de la limaille.

HUITAIN.

En ce Monde on ne voit qu'aigreur ;
La guerre des Humains fait trembler l'Atmofphére :
Le Mouton hardiment attaque la Panthére.
Un Homme dont l'efprit incline à la douceur,
Se moque d'un Atrabilaire :
Celui-ci prefque autant moqueur,
Regarde avec pitié du haut de fa grandeur
Tous les Gens qui n'ont pas de glaire.

QUATRAIN.

(*) *Eccléfiaftique*, ch. X. verfet 9.

QUATRAIN.

Ne foyés point furpris, Magin,
Si dans un margoüillis quelquefois je me veautre ;
Rien ne rend l'efprit plus chagrin
Que d'être fous la main d'un autre.

SIXAIN.

Que vous fervira-t-il, Leland,
De parler Efpagnol, Efclavon, Allemand ?
De rien qu'à déranger votre foible cervelle.
Pour un jeune François qui n'eft plus en tutelle,
Rien n'eft fi beau, rien n'eft fi grand
Que de favoir à fond fa langue maternelle.

QUATRAIN.

Sachés Meffire Aurogallus,
Que bien que vous ayiés plufieurs Fils, une Fille
Morbleu, mon petit doigt en fait mille fois plus
Que vous & que votre famille.

HUITAIN.

Quoique vous ayiés des appas,
La main potelée, un beau bras,
A caufe de vos fanfreluches,
Et que vous ne parlés que de vos taffetas,
Je vous mets au rang des Guenuches.
Le compliment eft un peu fec ;
Mais la raifon me dit que les Filles font cruches,
Lorfqu'elles manquent par le bec.

QUATRAIN.

Que me prônés-vous-là, Courcelles ?
Ce que vous avancés eft moins qu'un ïota :
Je veux mettre tout par écuelles,
Léfinés tant qu'il vous plaira.

SIXAIN.

Si nous ne marchions point fur les traces d'Acrife,
Si nous réfléchiffions un peu,
Nous dompterions le mal lorfqu'il nous tyrannife.
Le moyen de tenir contre le vent de bife,
C'eft de boire du bon ; c'eft de faire grand feu,
Et bonne mine à mauvais jeu.

DIXAIN.

Vous avés, Ameftris, la maffe du fang chaude :
Votre cœur entr'ouvert reffemble au Mont-Hécla.
Pour mettre en pratique la fraude,
Vous entaffés Pélion fur Offa.
Il faut donc que je vous ravaude
En Chevalier d'Alcantara.
Vous ne valés point un coca,
Un capre, une baguenaude :
Chaffés au loin, jeune ribaude ;
Allés-vous-en piler du poivre à Sumatra.

QUATRAIN.

C'eft chofe bien défagréable
D'avoir affaire à fes Parens ;
Un état dur & déplorable
D'être en tutelle à foixante ans.

DOUBLE-SIXAIN.

Parce que vous avés, Platus, mis vôtre ouvrage
Sous la protection d'un Homme accrédité,
Croyés-vous le Public tellement hébeté
Que de venir vous rendre hommage,
Comme à quelque Divinité ?
Penfés-vous avoir une image,
Lorfque tout déforienté
Vous faites un barriolage,
Autour duquel votre encre a fait plus d'un pâté ?
Pour couvert euffiés-vous un toit de coquillage,
Sur vous crèvera le nüage ;
Si vous n'êtes qu'un Terme, ou qu'un âne bâté.

HUITAIN.

C'eſt une abſurdité de dire
Que les François métis de la diſperſion
Ne ſauroient en françois correctement écrire :
Jamais plus grande illuſion !
Si perſonne d'entr'eux n'a point encor, Soſie,
Atteint à la perfection,
Ce n'eſt point manque de génie :
C'eſt faute d'application.

SIXAIN.

Avant que de vous aller battre,
Vous hurlés plus fort que les Loups :
Vous faites, Schult, le diable à quatre.
Mais quand vous recevés une grêle de coups,
Votre cœur de pierre eſt de plâtre ;
Devant votre ennemi, vous pliés les genoux.

QUATRAIN.

Vous auriés beau vouloir, Cinethe,
Nous cacher votre vanité :
On la voit en tout ſens ; à plein & de côté
Depuis les pieds juſqu'à la tête.

HUITAIN.

Vous avés droit, je le ſais bien,
De dire que ma Muſe eſt loûche ;
Que mes Vers ſont plus ſecs que des jambes de moûche ;
Que des os rongés par un Chien.
Puiſque je les donne pour rien,
Soyés à mon égard d'une humeur moins farouche :
A Cheval donné, Florien,
Il ne faut point regarder à la bouche.

SIXAIN.

Afin de nager en grande eau,
Nous nous livrons à l'infomnie ;
Et nous diftilons le cerveau,
Pour repouffer les dards que décoche l'Envie :
L'Homme eft pendant toute fa vie
Entre l'enclume & le marteau.

HUITAIN.

A la fin la Vertu fera réduite en cendres :
Les Agneaux font en proïe aux Ours, aux Léopards,
Nous vivons aujourd'hui parmi les Salamandres :
Une vapeur groffiere obfcurcit les Beaux-Arts.
Plus d'Efprits durs que de Cœurs tendres :
Pour une Efther cent Putiphars :
Pour un Caton quinze Léandres :
Pour un Jofeph mille Paillards.

SIXAIN.

L'héritage fans haïe (*) eft fujet au pillage :
Celui qui n'eft point marié,
Par la trifteffe humilié,
Verra fur lui crèver l'orage.
Un vrai tréfor, c'eft une Femme fage ;
L'Homme qui s'en appuïe eft du Ciel appuyé.

QUATRAIN.

Gémifte, quand je dis que je fais des merveilles,
Vous réculés en réchignant.
Ne fecoüés point les oreilles :
Tous les ânes en font autant.

(*) *Eccléfiaftique*, *ch*. XXVI. *verfet* 17.

DOUBLE-SIXAIN.

Aux loix de l'Equité ma raison est soumise ;
On ne me voit point prendre un dard pour un pieu.
Ici bas tout est convoitise :
Personne n'est d'avis de se passer à peu.
Il n'est nul Abelard qui n'ait son Héloïse ;
Aucun jeune Soldat qui n'aime à faire feu.
Une chose qui scandalise,
C'est de voir quelquefois des hommes sans aveu
Baiser le pavé d'une Eglise,
Sous prétexte d'honorer Dieu :
Mais ce n'est point papelardise
De savoir bien couvrir son jeu.

HUITAIN.

Il faut qu'à mon dépit je lâche enfin la bonde,
Et que d'un ton de magister,
Anthiope, je vous confonde.
Non, l'Epouse de Lucifer
N'est pas si méchante en enfer
Que vous l'êtes, vous, dans ce monde :
Vous êtes une Fredegonde ;
Votre cœur est cerclé de fer.

SIXAIN.

Lorsque nous avançons en âge,
Accoudons-nous sur un coussin.
Faisons mitonner le potage ;
Mangeons des rables de Lapin :
Et laissant aux Brebis l'herbage,
Trempons le biscuit dans le vin.

DIXAIN.

Quelqu'un vient-il mordre à la grape,
L'avare Junctin rit sous câpe
D'avoir si bien rempli ses sacs & son cellier.
Junctin pourtant n'est point une si rude râpe ;

Quoiqu'il foit fier fur fon fumier,
Le cœur lui bat quand fa main frappe :
Ce n'eft pas un Renard ; c'eft plutôt un Limier.
Puifque je m'apperçois que fa Femme le drape;
Qu'Irus même fouvent l'attrape,
Je conclus que Junctin n'eft rien moins que forcier.

QUATRAIN.

Tel fec comme du liége, eft de baffe origine
Qui mérite tout notre encens :
Tel eft de race noble & chargé de cuifine,
Dont le crâne eft vuide de fens.

SIXAIN.

Arcis né fous le Sagittaire,
Lorfqu'il s'approche d'Apollon,
Eft plus hardi qu'un Moufquetaire:
Tout ce qu'il fait lui paroît bon.
Jove a toujours peur de mal faire,
Parce qu'il n'eft point fanfaron.

HUITAIN.

Qu'on parcoure toutes les Villes
Que fondérent différens Rois
Soit dans le Continent, foit dans les grandes Iles
Il s'y trouve (& j'ai fait ce calcul trente fois)
Plus de Cogne-fétus que de Maîtres habiles,
Cent Goguenards pour un Homme de poids ;
Mille Harpagons, quantité d'imbecilles,
Bien des fourbes, peu de gens droits.

QUATRAIN.

Vous avés la toux, la gravelle,
Des douleurs d'eftomac, & les genoux tremblans
Il ne faut point, Perkin, que cela vous martelle
Un pot fêlé dure long-tems.

SIXAIN.

A la loüange d'Archiméde,
Qui s'eft noyé dans un ruiffeau,
Vous avés réfolu, Bereau,
De compofer un grand Poëme :
Pour moi je graverai ce Vers fur fon caveau ;
Il eft mort en beuvant : il a vécu de même.

QUATRAIN.

Beaucoup mieux qu'un jeune hiftrion
Vous faites le faut de la carpe :
Vous touchés bien le manicordion ;
Mais vous êtes plus fort à joüer de la harpe.

SIXAIN.

Lorfque vous entonnés les cantiques d'Efther,
Vous ne croaffés point comme font les Corneilles ;
Un jeu d'orgues n'eft pas plus clair,
Œnone, vous faites merveilles :
J'entends des fons qui frappent l'air,
Et qui m'écorchent les oreilles.

HUITAIN.

Ne foyés point fi glorieux:
Quand je fuis près de vous, Tarpa, baiffés les yeux.
Vous n'avés jamais pris des Chevreüils à la courfe :
Vous jettés l'épervier dans les étangs bourbeux,
Et moi je pêche aux eaux de fource.
Sans tube je diftingue aux Cieux
Le Cigne du Serpent à replis tortüeux,
Le Lion d'avec la grande Ourfe.

QUATRAIN.

Pourquoi tourner autour du pot?
Expliquons-nous d'une maniere claire :
Hermias eft un ladre, un chicaneur, un fot ;
Ariftandre un Vifionnaire.

SIXAIN.

Pour briller dans le Monde, il faut plus d'un talent;
Pour dégrofsir les mœurs, uſer plus d'une lime.
L'un dit ſon chapelet; balbutie en priant:
Un autre en Dieu richement rime.
Dumnorix eſt un verd Galant;
Elpide un roupieux, un Amant cacochime.

DOUBLE-HUITAIN.

Bien que vos Vers ſoient durs, Canut,
Autant que les rochers de la Dalecarlie,
Ce ne ſont pas pourtant des piéces de rebut:
Ils valent mieux que ceux qu'on fait à Calicut,
Au Tonquin, dans la Siberie.
Votre Muſe chez Faune à peu de frais nourrie,
S'éléve en l'air comme un turlut,
Et chante la palinodie.
Puiſque la boule eſt ſur le but,
Encore un effort, je vous prie;
Courage, avec le tems vous aurés du génie:
Aux concerts d'Apollon vous pincerés le luth;
Les Eſprits curieux vous païeront tribut:
Vous ferés (paſſés-moi ce trait de raillerie)
Au Roïaume de Lilliput
Bon Correcteur d'Imprimerie.

DIXAIN.

Théon, cet Homme entreprenant
Qui peſe tous ſes mots, & ſourit en parlant;
Parce qu'il s'imagine avoir de la naiſſance,
Pour orner ſon cachet (c'étoit un chien couchant)
Cherchoit dans ſa mémoire une belle ſentence.
Ne vous en tourmentés pas tant;
Je la tiens, s'écria Deniſe:
Si vous conſultés le bon ſens,
Vous y mettrés cette deviſe;
A beau dehors, vilain dedans.

HUITAIN.

HUITAIN.

Vous ne vous piqués point de faire une Enéïde,
Ni d'aller chanter au lutrin.
Votre nez couleur de carmin,
Alambic à goutte limpide ;
Vos yeux plus chaffieux que ceux d'un vieux Druïde,
Nous apprennent, Miramolin,
Que fi vous n'avés bû de l'onde aganippide,
Vous avés avalé force verres de vin.

SIXAIN.

Quoique vous m'ayiés mis au rang des quadrupédes,
Je vois pourtant, Pygmalion,
Quand j'allume mon lampion,
Que dans la comédie il faut des intermedes ;
Que le Médecin croit rarement aux remédes,
Et le Théologal à la Religion.

HUITAIN.

Parce que vous avés la poitrine veluë,
Le nez comme un bec de Vautour,
Vous prenés votre vol au deffus de la nuë
Pour faire la guerre à la Gruë.
Moi je vous avertis que vous êtes, d'Aucour,
Parmi les Oifeaux verds, jaunes, de couleur bleuë
Un Battemare, un Hochequeuë ;
Ou tout au plus le mâle de l'Autour.

QUATRAIN.

On ne peut fans mortier faire partir la bombe ;
Sans l'éperon, Nizard, galoper un criquet.
Ce jeu de mots pour moi, Merfenne, eft moins qu'un rhombe ;
C'eft la chanfon du ricochet.

DOUBLE SIXAIN.

Toute votre valeur ne vaut pas une maille ;
Pourquoi faire tant de cancan ?
Vous ne jouïssés point des droits de Véteran :
Vous n'avés jamais vû ni siége ni bataille,
Ni frappé d'estoc & de taille.
Vous n'êtes pas un Tamerlan,
Un Bajazet, un Soliman.
Votre Apollon quand il se bat ferraille :
Abandonnés le Parnasse, Artaban ;
Vous avés l'esprit dur : votre Muse rimaille :
Votre verve est un feu de paille,
Et votre horloge sans cadran.

QUATRAIN.

Vous faites plus de bruit que mille Scarabées :
Abulfeda, vous êtes un brutal
Comme Hadrien haranguoit ses Armées,
A vos Inférieurs vous parlés à cheval.

SIXAIN.

Taxile est né pour plaire aux Dames ;
De sa tête il ne part que d'illustres desseins :
Dans ses Ecrits ce n'est que flammes ;
C'est le Phénix, la fleur, le Roi des Ecrivains :
Sans peine il fait force Epigrammes ;
Et moi le front me sue, en faisant des Sixains.

ESPECE DE MADRIGAL.

Ces Cœurs entrelacés dans l'Ile de Cythére
Par les Graces & par l'Amour,
Au milieu de ce beau Séjour
Forment un Labyrinthe, où le tendre Myſtére
Sur un gazon de fleurs fait repoſer ſa Cour.
Pour montrer & prouver qu'on aime avec tendreſſe ;
Que même on aimera ſans ceſſe ;
Qu'on aura l'encenſoir toujours garni d'encens,
Il faut, les yeux tournés vers Venus Uranie,
De ce dédale uni, plein de myrthes naiſſans
Trouver d'abord l'entrée, ignorer la ſortie.
Biblis, à ne vous point mentir,
Au fond de ce charmant aſyle
Je me trouve enfermé ſans pouvoir en ſortir :
Le moyen que j'y ſois tranquille ?
Vous ne voulés pas y venir.

SIXAIN.

Puiſque j'en ai le tems, j'ajuſte ma clepſydre ;
Mon Apollon eſt conſtipé.
Qu'il ſoit ce qu'il voudra, voici du ripopé
Qui vaut mieux qu'un verre de cidre :
Une Femme folle eſt une Hydre ;
Un Homme ruſtre un cheval échapé.

QUATRAIN.

Vous croyés briller davantage
Que Lucifer ou Phoſphorus ;
Mais vous n'avés pour tout potage,
Samgar, que la lüeur de l'Etoile Heſperus.

HUITAIN.

Chacun suit son instinct ; l'un vernit, l'autre émaille ;
Nos talens sont plus variés
Que l'herbage qu'un Busle en paissant foule aux piés.
Un Serrurier le fer travaille ;
Le Maçon fait une muraille,
Le Potier des vaisseaux de grés,
Le Tonnelier de la futaille ;
Un Poëte abondant des Vers estropiés.

SIXAIN.

Dans ce Siécle Minerve a perdu son égide :
On y prend du cristal pour un vrai parangon.
Au milieu des Mortels régne un goût insipide :
L'éloquence souvent dégénere en jargon.
Nous voyons tous les jours qu'un Sot rit d'un Stupide :
La péle, Grapaldus, se moque du fourgon.

QUATRAIN.

Votre vin est épais comme de la moutarde ;
On ne sauroit y voir une Souris dedans.
La couleur n'y fait rien, pourvû qu'il soit de garde :
Le vin trouble, Normel, ne casse point les dents.

BOUQUET.

Celui qui faute d'arc tire de l'arbalête ;
Qui d'un bandeau se ceint la tête ;
Qui quelquefois s'amuse à conter des douceurs,
Et qui tantôt se plaît à transpercer les Cœurs ;
Pour solemniser votre fête,
A cueilli ce matin ces fleurs.
Au lieu de choisir les plus belles ;
De prendre des Œillets, des Jacinthes, des Lis,
Il n'a coupé que des Soucis,
Des Pivoines, des Immortelles.
L'Amour est, Calipso, plein d'imperfections :
L'Enfant qui porte un diadéme,
Quoi qu'il fasse, est sujet à des distractions ;

Il divague, il vacille : en tout il est extrême.
Une autre fois (fit - il un tems des plus mauvais)
Afin de rendre hommage à la Beauté que j'aime,
Dans les compartimens par Flore cultivés
Je cueillerai les fleurs moi-même ;
Heureux! si vous les recevés.

SIXAIN.

Serge aussi grand qu'un faule, a la bedaine épaisse ;
Pigalle est mince, & si petit
Qu'il semble faire honte à ceux de son espéce :
Là-dessus on raisonne, on conjecture, on dit
Que l'un des deux étant tout graisse,
L'autre doit être tout esprit.

QUATRAIN.

Nodin ce vieux penard devant qui l'encens fume,
Est toujours habillé comme un godelureau.
Il a raison : la belle plume
Couvre les plis de l'âge, & fait le bel Oiseau.

SIXAIN.

La chose est tout-à-fait difficile à comprendre :
Quoi, dans votre Maison les Héros sont par tas !
Du côté paternel vous venés d'Alexandre !
De là vous remontés jusques à Menélas !
Moi je puis faire voir que vous êtes, Pisandre,
En droite ligne issu de l'Empereur Phocas.

QUATRAIN.

Le plus âgé des Fils d'Hermés le Géométre
Ne vaut pas mieux que le Cadet :
Le premier est un Petit-maître ;
Le second n'est qu'un Freluquet.

HUITAIN.

C'eſt un drôle Homme que Coulange :
Que de morceaux d'éponge on lui faſſe un ragoût,
Sans y prendre garde il en mange
Comme un Cerf ſe repaît du brout.
Pour lui l'eau trouble d'un égout
Eſt auſſi bonne que l'eau d'ange.
La choſe n'eſt pas fort étrange ;
Un Avare n'a point de goût.

SIXAIN.

Génie heureux, plein de grace & de force,
O vous, qui pour vous faire un nom,
Du Laurier-Pindarique avés raclé l'écorce,
Ne vous y fiés point ; la gloire vous amorce ;
Vous êtes dans la Claſſe où régente Apollon,
Ce que fut Théodore en Corſe.

DOUBLE-HUITAIN.

De nos Héros en chicheté
Le plus vil eſt celui qu'on nomme Cipariſſe.
Ce Cancre encore mieux renté
Qu'un Prêtre à double bénéfice,
Vivroit un mois entier avec un pain d'épice,
Une tranche de lard dont les rats ont tâté,
Un eſcargot, une écreviſſe,
Une croûte d'un vieux pâté.
Auſſi, quand il ſe vient placer à mon côté ;
Qu'il me dit d'un ton de Jocriſſe
Que, vû des vivres la cherté,
Il eſt plus malheureux & plus pauvre qu'Uliſſe,
A mon tour très-fort attriſté
De voir qu'il ſoit réduit, comme un Frere novice,
A demander la charité,
Je lui réponds ; Dieu vous béniſſe.

DIXAIN.

Faire de l'argent si grand cas,
C'est mériter les étrivieres ;
Etre plus bête que Midas.
Ce sont les Ames roturieres,
Qui ressemblant à des Choucas,
Offrent deux fois le jour à Plutus leurs prieres.
Cessés, en murmurant contre le Sort, Fouquieres,
De mettre votre cœur aux choses d'ici-bas :
Les cent mille écus d'Artémas
Ne sauroient païer vos lumieres.

QUATRAIN.

Je tiens ceci de Martial,
Poëte digne de créance :
Après les excès le haut mal ;
Après un gros jeu l'indigence.

HUITAIN.

Effaça-t-il l'éclat des étoiles du Nord,
Aristodeme eût-il le savoir des Basnages ;
Fût-il de la Crusca, même Docteur d'Oxford ;
Parla-t-il bien plusieurs langages ;
L'Histoire fût-elle son fort ;
Si l'on ne voit de ses Ouvrages,
Ce n'est qu'une eau qui d'un roc sort
Pour arroser des choux & des plantes sauvages.

DIXAIN.

De notre tems comme jadis,
Lorsqu'on est maître du glacis,
On a bien-tôt la contrescarpe.
Les Marchands, s'ils ne sont hardis,
Ne font jamais de grands profits.
Quand on a l'esprit en écharpe,
Sur le Parnasse l'on se harpe :
Le Loup dévore la Brebis ;
Le Chat dépece la Souris,
Et le Loutre grûge la Carpe.

DOUBLE-QUATRAIN.

Ces monſtres à joli minois,
Qui ſautelent comme les Pies;
Ces Filles au long bec qui s'appellent Harpyes,
Anciennement n'étoient que trois.
Mais ces déteſtables Femelles
Aux griffes d'Aigle, au ſouffle empoiſonné
Ont en tous lieux à tel point foiſonné
Qu'aujourd'hui l'on en voit autant que d'Hirondelles.

DOUBLE-SIXAIN.

Contre vous Pandulphe & Stilpon
Viennent de faire une ſatyre :
Braqués vîte votre canon;
Ne ſouffrés pas qu'on vous déchire.
Ma Muſe, Colombel, n'a ni poudre ni plomb,
Comment voulés-vous qu'elle tire ?
Puiſque l'honneur vous fait faux-bond;
Puiſque vous n'êtes, Cynégire,
Bon à bouillir non plus qu'à frire,
Prenés-moi pour votre Second :
Et, ſi ſur votre dos la laine encore on tond,
Au Grand Lama je l'irai dire.

QUATRAIN.

Pourquoi prônerions-nous Saluſte du Bartas ?
Sortons de notre enthouſiaſme;
Et pour aller de haut en bas,
Tournons-nous du côté des adages d'Eraſme.

DOUBLE-SIXAIN.

Lorſqu'en hiver je pars pour le double Vallon,
Un mouſquet ſur le bras, Regnier me fait eſcorte.
Quand je frappe chez Apollon,
On m'ouvre au premier coup les battants de la porte;
Enſuite je monte au Sallon.
Là devant les neuf Sœurs m'amuſant au ballon,
Sur les grands joüeurs je l'emporte.
Je n'ai pas l'air d'un Ganelon :

Mon visage n'est point couleur de feuille morte.
Je suis fort comme cole forte,
Et rouge autant qu'un Barcalon
Que de la table au lit on porte.

HUITAIN.

Entre nous soit dit, Falconet ;
Je le pardonne à Ceux qui me portent envie :
Je connois les recoins de la Philosophie ;
Je brille aussi dans le Parquet.
Vous avés, je l'avouë, un merveilleux génie ;
Vous êtes, Arbogaste, Homme de cabinet.
Vous parlés comme un Perroquet,
Et vous jasés comme une Pie.

DOUBLE-SIXAIN.

Où l'on voit naître le Chamois,
Harmenopule, il faut qu'il broute.
N'allons point à travers les bois
Chercher une nouvelle route ;
Ne violons jamais la sainteté des Loix :
Le pain pour être bon, doit avoir de la croûte.
Efforçons-nous dans les tournois
D'emporter le prix de la joûte.
Chassons pour une bonne fois
De notre esprit l'orgueil ; de notre cœur le doute ;
Comptons nos défauts par nos doigts,
Et mettons le vice en déroute.

DIXAIN.

Lorsqu'on vous picote, Rembrant,
Vous êtes prompt à la risposte :
Anguier parle en balbutiant.
Sa Muse marche pesamment ;
La vôtre fait courir la poste.
A plusieurs égards votre Esprit
L'emporte sur le sien, & sur quantité d'autres :
Cependant tout le monde dit
Que deux lignes qu'Anguier écrit,
En valent deux mille des vôtres.

SIXAIN.

Le Portugal n'eſt pas tout rempli de citrons :
Il ne croît point du bled par toute la Bourgogne.
Vers quelque lieu qu'on tire on trouve des fripons,
  Des écumeurs de pots, des gens à rouge trogne.
    Gomez de Luna, les gaſcons
    Ne ſont pas tous nés en Gaſcogne.

QUATRAIN.

Vous voyés la Nature au travers de ſes trous :
A vous entendre, à fond vous ſavés la Phyſique.
  Scheffer, comme à ramer des choux,
    Vous entendés la Gnomonique.

SIXAIN.

    Dioſcoride, c'eſt à tort
    Que vous me traités de mazette :
    Sur bien des choſes je ſuis fort ;
    J'ai l'eſprit ferme, & l'ame nette.
  Je n'ai pas peur d'une tête de mort,
Encore moins de vous, qui n'êtes qu'un ſquelette.

HUITAIN.

Pour ſoutenir les droits d'un certain Céladon
  Qui de la Calprenède a ſuivi les veſtiges,
Votre Muſe ayant fait mille & mille prodiges,
  Il ſeroit juſte, Hilten, que le ſacré Vallon
  A votre coin frappât en or un médaillon,
Où l'on vît au revers un Myrrhe à pluſieurs tiges ;
    Et qu'on apprît par ſon inſcription
    Que tout Poëte a des vertiges.

DIXAIN.

Vous n'avés point un œil poché,
Au contraire en fplendeur vous êtes prefque égale
A l'Amante du beau Céphale.
Votre cœur n'eſt point entaché
De l'avarice de Tantale,
Ni ne s'eſt point amouraché
A l'inſtar de celui d'Omphale :
Voici quel eſt votre péché ;
Je vois que vous êtes, Pſyché,
Acariâtre, fourbe, envieuſe & brutale.

SIXAIN.

Quand je ferois plus fort qu'un Bœuf de Danemarc,
Je me garderois bien de vous faire une infulte :
Rien de bon d'un tel choc, Démade, il ne réſulte.
Contre Ceux qui s'en vont affiéger votre Parc,
Vous ne vous fervés point de l'arc ;
Vous décochés vos traits avec la catapulte.

QUATRAIN.

Tout le monde s'accorde à prôner Jouvancy ;
Quelle eſt donc fa fcience ? Ah parbleu, je devine
Son grand mérite le voicy,
C'eſt d'exceller dans la léſine.

DOUBLE-HUITAIN.

Oui, de tous les Individus
Qui comme vous & moi, font de raifon pourvûs,
Quoiqu'il foit de grande ftature,
Et d'une affez belle figure,
Papebroch eſt celui qui me déplaît le plus.
Vous allés contre la droiture :
Papebroch eſt fans contredit
Un Homme de poids & d'efprit.

LA CLINCAILLE
On connoît à son encolûre
Qu'il n'est pas âne de nature.
Les mains de papier il remplit
Sans faire la moindre rature.
Il fait lire son écriture ;
Ne retient jamais ce qu'il lit ;
Estime les gens par l'habit ,
Et les Livres par la dorure.

QUATRAIN.

Vous vous plaignés de vos Enfans ;
Devant vous , Arimaze, il est rare qu'ils tremblent :
Ils sont têtus & violens.
Soyés tranquille ; ils vous ressemblent.

SIXAIN.

Portons respect à Marc Corvin ;
Assurément c'est un digne Homme.
S'il ne sait pas le grec , il entend le latin :
Mais sa Maison est couverte de chaume.
N'importe , il est cent fois plus fier de son destin
Que Cinna ne le fut d'avoir fait trembler Rome.

QUATRAIN.

C'est un fait qui ne peut vous être contesté :
Vos Aïeux sont connus depuis quatre vingts lustres.
C'est encore une vérité
Que vous êtes, Philelphe, un Rustaud des plus rustres.

DOUBLE-SIXAIN.

Parce que vous criés comme crie un Oison ,
Croyés-vous par là nous apprendre
Que toujours dans le feu comme une Salamandre,
Vous joignés , Aristogiton ,
A la bravoure d'Alexandre
L'éloquence de Cicéron ?
Vous auriés tort de le prétendre ;
Et voici de quelle façon,

Sans outrer la comparaison,
Je veux vous le faire comprendre :
Une cloche fait un grand son ;
Un vase rempli d'or n'en sauroit beaucoup rendre.

DIXAIN.

Allés-vous cacher, Dionis,
Au fond des forêts d'Allemagne.
Aux Savans vous aviés promis
Des remarques sur Charlemagne,
Et sur les Rois connus sous le nom de Louïs :
Mais n'étant rien moins qu'un Paris,
Qu'un Telémaque, qu'un Ascagne,
Vous nous avés fait voir qu'en travail la Montagne
Au lieu d'un Rominagrobis
N'a pû que faire naître un chétif musaragne.

DOUBLE-QUATRAIN.

Vous avés de bons revenus,
Et la cervelle plus épaisse,
Hésione, qu'aucun calus ;
De sorte que chez vous fort tranquille on vous laisse.
Ce n'est pas toujours le grand bien
Qui fait briller une personne :
Athénaïs Fille de rien,
Par son esprit poli parvint à la Couronne.

SIXAIN.

On ne peut qu'à force d'argent
Avoir de Postel les Ouvrages :
Ce n'est point à dire, Vincent,
Que cet Ecrivain vaut les Bucers & les Fages ;
Cela désigne seulement
Que le Monde a peu d'Hommes sages.

DIXAIN.

Afin de pouvoir plaire à nos derniers Neveux,
De la part d'Apollon Roi d'un Païs pierreux,
J'ordonne en mâchant de l'areque,
Que tout Auteur volumineux
Pour ne point furcharger une Bibliothéque;
Qu'il foit né parmi les Hébreux,
A Pekin, à Paris, à Rome ou dans les lieux
Qui font dépendans de la Mecque,
Sera par des Gens droits, doctes & curieux
Mis à fa valeur intrinfeque.

QUATRAIN.

La voix d'Ifménias chez lui fait tout trembler :
On voudroit favoir s'il compofe.
C'eft un Homme qui fait parler ;
Ne demandés pas autre chofe.

DIXAIN.

Vous n'êtes, Brufchius, qu'un pauvre Villageois:
Pour un lupin vous prenés une vefce,
Le pain de gland pour du pain de Gonneffe,
Du vin loûche pour vin d'Arbois,
Un Lappon pour un Siamois,
Une boîte pour une caiffe,
Une bruiere pour un bois ;
Le Païs de Caux pour la Gréce ;
Du gravier blanc pour du gravois,
Et le Lignon pour le Permeffe.

SIXAIN.

La femme de Theſtor eſt la fleur du païs ;
Elle a ſur ſes lévres les ris,
Sur ſon front l'éclat de l'Aurore.
C'eſt ſe mocquer des gens : taiſés-vous, Nicephore :
Moi plus véridique, je dis
Que c'eſt une rieuſe, une franche pécore.

QUATRAIN.

N'envions pas les biens de l'orgueilleux Metzu :
Les richeſſes, l'eſprit, les honneurs, la naiſſance
Ne ſont pas en notre puiſſance ;
Mais il dépend de nous d'avoir de la vertu.

HUITAIN.

Entre tous les Oiſeaux qui ſont ſur la Moſelle,
Vous n'êtes pas une Sarcelle ;
Vous avés l'air d'un Pélican.
Lorſque boût bien votre cervelle,
Il en part un feu de Volcan :
Quand elle eſt calme, Olivetan,
Vous êtes Philoſophe autant que Marc-Aurele ;
Et du côté du cœur vous tenés à Trajan.

SIXAIN.

Des caprices du Sort je ne ſaurois me taire :
L'un mange ſon pain frotté d'ail ;
L'autre aime à faire bonne chére.
Bocchus qui ſe plaît au travail,
Paſſe ſa vie en Solitaire :
Boquin de ſa Maiſon fait un petit Serrail.

HUITAIN.

Au prix des Ouvrages d'Alipe
Vos Ecrits ne font qu'un zéro :
Il a mis en un Luftre au jour cinq In-quarto ;
Et dans quinze ans vous n'avés fait, Leucippe,
Qu'un miférable In-octavo :
Auffi l'argent vous manque, & lui vit à gogo.
Alipe eft en effet un fecond Hégefippe,
Et vous n'êtes au plus qu'un Valet de Clio.

SIXAIN.

Vous favés difcerner le maftic de la myrrhe ;
Vous n'avés jamais pris un Loup pour un Renard :
Vous feriés un grand Homme, Aguirre,
Si vous n'étiés point fi bavard ;
Ne juriés pas autant qu'un Sbirre,
Aux prifes avec un Cafard.

QUATRAIN.

Thétis, je ne prends point pour un Coq une Huppe :
J'ai l'efprit délicat, le bec bien affilé.
Il ne fera point dit que je fois votre duppe ;
Je n'ai peur que d'être volé.

HUITAIN.

Pour tâcher de faire fortune,
D'un habit de panne couvert,
Vous ne manqués jamais de fortir fur la brune :
Vous courés, en chantant quelques airs de Lambert,
Après la fille & la pécune.
Il faut que vous foyiés plus fort que Scanderberg :
Vous avés fait un trou, Mégabize, à la lune
Que ne boficheroit point la tonne d'Heidelberg.

DIXAIN.

DIXAIN.

J'en demeure d'accord ; vous avés fait, Des-Portes,
Vos études avec fuccès ;
Vous entendés les Langues mortes.
Quand vous prenés l'effor, les airs vous traverfés ;
Vous avés l'aile des plus fortes.
Voici pourtant votre procès :
Votre Apollon fe nourrit de cloportes ;
Votre Pégafe a les crins hériffés ;
Votre Mufe les jambes tortes,
Et vous écorchés le françois.

SIXAIN.

On vous a mis au rang des Sages de Stagire ;
On s'eft trompé, Vafconcellos :
Moi je foutiens devant Minos,
Et les Mouchards de fon Empire
Que, puifque vous aimés à rire,
Parmi les Turlupins vous êtes un Héros.

QUATRAIN

A l'occafion d'un Ivrogne qui fe noya.

Vaubrun, fais-tu pourquoi Ruarus le Cyclope
Jamais n'a dans le vin mis une goute d'eau ?
C'eft parce qu'il tenoit d'un Tireur d'horofcope
Que cet élément-là le mettroit au tombeau.

LA CLINCAILLE

HUITAIN.

Votre fort eſt digne d'envie :
Autour de votre table en maigre & gras ſervie,
A gros bouillons ruiſſele le nectar.
Tel à peu-près qu'un Hoſpodar,
Ou Vaivode de Moldavie,
Vous avés, Sire Baltazar,
Pour extraire le ſuc du meilleur thé d'Aſie,
Toujours au feu le coquemar.

SIXAIN.

Je fais donner un coup de peigne :
Ne vous flattés point, Margarit,
Que devant vous du nez je ſaigne.
Votre Muſe eſt une Bréhaigne :
J'ai peur d'Elle & de vous autant que de l'Eſprit
Que les Juifs appellent (*) Lilith.

DIXAIN.

Quand vous faites des Païſages,
Arnulphe, vous peignés dans le goût du Pouſſin.
Votre plume n'écrit que ſur le parchemin :
Il croît des fleurs, de bons herbages
Aux angles de votre Jardin ;
Mais pour épurer vos Ouvrages,
Il faudroit de l'enſemble arracher mille pages ;
Où l'on ne voit que du fretin,
Que des obſcenités ; qu'un tas de griffonnages
Pires que ceux de l'Arétin.

(*) *L'étymologie de Lilith, c'eſt-à-dire la* Choüette, *vient d'Iſis qui chez les anciens Egyptiens ſignifioit quelquefois la* Lune. *Voyés le premier Tome de* l'Hiſtoire du Ciel *par Mr. Pluche, page 190. Edition troiſiéme.*

HUITAIN.

Vous voyés un ciron sans le secours du verre :
Quoique vous soyiés chassieux,
Vous n'avés pas besoin d'appliquer sur vos yeux
Une emplâtre de fumeterre.
Diane ne vous a point mis
Au bout des doigts un panaris.
Arias Montanus, vous avés bonne serre ;
Vous achetés peu cher, & vendés à haut prix.

QUATRAIN.

Thamar, bien qu'elle soit ridée
Comme un Légat à lateré,
Se pavane, est toujours frisée :
A vieille Mule frein doré.

DIXAIN.

Vous avés un rampart contre la Canicule :
Une grotte est votre cellule ;
Tout cet antre pavé d'écus.
Bien loin d'être des mains perclus,
Vous volés sans aucun scrupule
Tantôt un Bœuf & tantôt une Mule.
Massinissa, vous êtes un Cacus :
Pour avoir sur vous le dessus,
Il ne faudrois pas moins que les forces d'Hercule,
Jointes aux yeux qu'avoit Argus.

SIXAIN

Sur le rapt d'Egine: Eſtampe gravée d'après le Clerc.

Jupiter qui guettoit cette Fille charmante,
Lorſqu'il l'eut enlevée, en flamme ſe changea;
Et de ce feu l'Enfer tira
Eaque & Rhadamante.
Que nous dit cette fable-là?
Que d'un amour impur l'iſſuë eſt infamante.

QUATRAIN.

Je ſuis un bon Gaulois; je tiens au Siécle d'or:
Sur les vices je paſſe la broſſe.
Terburg, vous êtes un butor,
Et Nymphis votre Frere un cheval de carroſſe.

SIXAIN.

Comme en des lieux pierreux ſe trouvent les Onix,
De même on peut trouver, Jérôme,
Dans un Pallas, dans un Félix
Des grains d'encens parmi la gomme:
Mais il eſt rare & rare autant que le Phénix,
Qu'un Avare ſoit honnête homme.

ALLÉGORIE.

Fier de ſon tronc maſſif,
Un Chêne au milieu d'un Bocage
Superbement étendoit ſon branchage,
Afin d'étouffer un jeune If
Dont il envioit le feuillage.
Les Buiſſons qui du Chêne entouroient le verger,

Soit par haine ou par jaloufie,
Dans le deffein de le grûger,
Drefferent une batterie ;
A l'improvifte un jour ils vinrent l'attaquer,
Donnerent fur lui de furie
Sans s'amufer à le piquer.
Comme cette Troupe aguerrie
Se préparoit pour décamper,
Les Enfans d'Eole gronderent,
Et l'un contre l'autre ils foufflerent.
Boréas s'étant déchaîné,
Toutes ces Ronces-là plierent :
Le Chêne fut déraciné.

SIXAIN.

Vous qui frondés les rapfodies,
Recherchés le folide, & jugés bien de tout,
Lifés mon Livre jufqu'au bout :
Ne fautés point les drôleries.
Heureux ! d'avoir écrit de petites folies,
Si deux ou trois, Dalmace, étoient de votre goût.

QUATRAIN.

Il eft sûr que mon ftyle eft maigre ;
Mais je croirois avoir l'efprit fubtil & net,
Si le Public ce Juge intégre,
Agréoit le préfent que ma Mufe lui fait.

FIN DU PREMIER TOME.

ERRATA.

Quoiqu'on ait apporté tous les soins possibles à l'égard de la correction des épreuves, l'on trouvera quelquefois une r pour un t, une n à la place d'un u, une s au lieu d'une f, un point pour une virgule, &c. Ce sont des minuties qui ne méritent pas qu'on s'y attache ; le Lecteur le moins intelligent peut y suppléer ; mais on a crû devoir relever ici les fautes suivantes ;

Page 8 ligne 34 fait, dites fait. P. 20 l. 3 fort, lisez forts. P. 23 l. 11 Pançha, ortographiés Pança. P. 35 l. 2 Autolie, prononcés Autolic. P. 55 l. 33. Qu'ils fulminent & qu'ils se vengent, lisez Que du moindre tort ils se vengent. P. 61 l. 13 toutes fois pour toute-fois. P. 71 l. 6 que rebaurt, on doit lire qu'est rebours. A la ligne suivante son, il faut qu'il y ait sont. Même page, ligne 35 Drusille, lisez Drusille. P. 92 l. 30 ue, dites Que. P. 110 l. 14 Préfere, prononcés Préferes. P. 111 l. 25 ch moiez, lisez chez moi. P. 113 l. 31 Sans vouloir pourtant vous couvrir d'ignominie : c'est une inadvertence du Compositeur, qui auroit dû mettre ; Sans vouloir vous couvrir pourtant d'ignominie. P. 120 l. 6 Montausiers, dites Montausiers. P. 121 l. 32 Genebrad, il faut Genebrard. P. 233 l. 27 tuyeau pour tuyau. P. 134 l. 31 Fontnnelle, lisez Fontenelle. P. 135 l. 22 tambourin, au lieu de tabourin. P. 148 l. 33 ambe, lisez jambe. P. 152 l. 11 il forme, articulez il se forme. P. 154 l. 5 de poil, on doit dire du poil. P. 155 l. 4 Fair, lisez Faire. P. 157 l. 33 Tyranion, il faut Tyrannion : ligne 34 politique, prononcez poëtique. P. 164 l. 16 bon, mettés ce mot au pluriel. P. 175 l. 20 des pour de. P. 196 l. 25 cariel, lisez cartel. P. 200 l. 27 tambourin, ôtés l'm. P. 209 l. 29 Gratinus, commencés ce nom par un C. ligne 31 sa, écrivés la. P. 214 l. 16 i au lieu de deux points. P. 223 l. 18 cer, *lifez* un. *Même page*, *ligne* 19 un, *dites* cet. P. 224 *l.* 14 Linder, *on doit prononcer* Linden. P. 228 *l.* 31 Ecoler *pour* Ecolier. P. 233 *l.* 22 avls, *pour* avis. P. 242 *l.* 17 Un, *lifez* Une. *Même page*, *ligne* 26 arce, *il faut* Parce. P. 244. *dans le renvoi*, ch. XXVI. *ajoutés aux deux premiers chiffres* un X. P. 245 *l.* 4 pieu, *lifez* épieu.

www.ingramcontent.com/pod-product-compliance
Lightning Source LLC
Chambersburg PA
CBHW050327170426
43200CB00009BA/1494